Sisäisen rauhan salaisuus

Sisäisen rauhan salaisuus

Luentoja henkisyydestä

Swami Ramakrishnananda Puri

Mata Amritanandamayi Center, San Ramon
Kalifornia, Yhdysvallat

Sisäisen rauhan salaisuus
Luentoja henkisyydestä
Swami Ramakrishnananda Puri

Julkaisija:
Mata Amritanandamayi Center
P.O. Box 613
San Ramon, CA 94583
Yhdysvallat

Intiassa:
www.amritapuri.org
inform@amritapuri.org

Yhteystiedot Suomessa:
www.amma.fi

Omistus

Amma, elämäni ei ole enää tyhjää.
Syvä rauha täyttää minut.
Tietoisuus pyhien jalkojesi
jättämistä jäljistä tuovat
ilon kyyneleet silmiini.

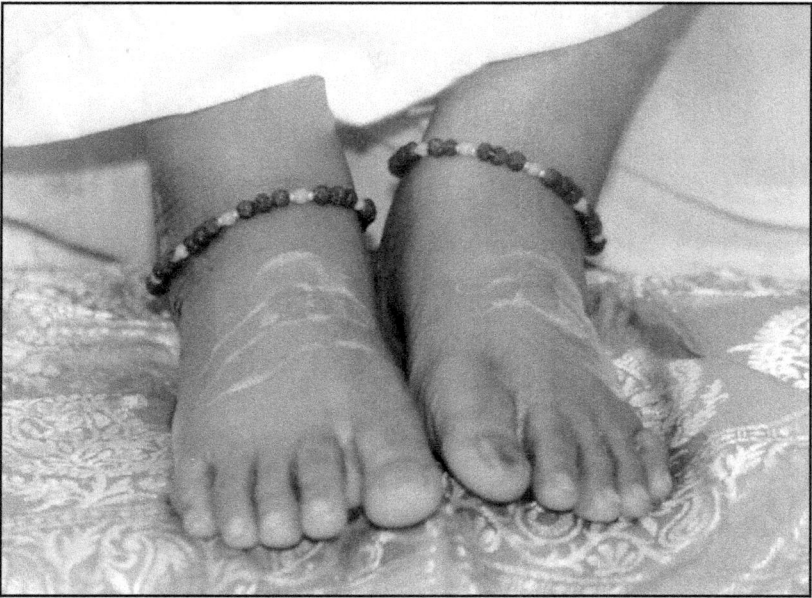

Lasken nöyrästi tämän kirjan rakkaan satguruni,
Sri Mata Amritanandamyai Devin lootusjalkojen juureen

Sisältö

Esipuhe

Kun ryhdyin kirjoittamaan viime vuonna *Siunattua elämää*, näytti siltä, että minulla olisi runsaasti aikaa saattaa se valmiiksi ennen suunniteltua julkaisuajankohtaa, Amman 52-vuotissyntymäpäivää. Sitten minulle alkoi tulla erilaisia kiireellisiä tehtäviä. Minun piti vierailla useissa tsunamin avustuskohteissa Tamil Nadussa ja Sri Lankassa. Minun piti myös vetää tilaisuuksia Amman kouluissa ja yliopistoissa eri puolilla Etelä-Intiaa. Lisäksi oli sovittu, että vierailisin eri paikkakunnilla Etelä-Amerikassa. Muutamia päiviä ennen lähtöäni kerroin Ammalle, että näytti siltä, että en ehtisi saamaan kirjaa valmiiksi ajoissa. Amma vastasi tähän yksinkertaisesti: "Älä ole huolissasi." Kuultuani tämän ajattelin Amman tarkoittavan, että minun ei pitäisi olla huolissani sen suhteen, että en ehtisi saamaan kirjaa ajoissa valmiiksi. Samassa ymmärsin, että se voisi tarkoittaa myös sitä, että minun ei tulisi olla huolissani, sillä Amma auttaisi minua saavuttamaan päämääräni. Aloin pitää toiveikkaana toista vaihtoehtoa oikeana. Kerroin tämän brahmacharille, joka avusti minua kirjan toimittamisessa. Hän sanoi: "Swamiji, jos kirjoittaisit artikkelia, olisin kanssasi samaan mieltä. Mutta koska kirjoitat kirjaa, olen sitä mieltä, että on parasta pitää ensimmäistä vaihtoehtoa oikeana eikä kantaa huolta siitä, ehditkö saada kirjan valmiiksi. Siten voit keskittyä muihin tehtäviisi rauhassa."

Amman armosta sain kuitenkin kirjan valmiiksi edellisiltana ennen lähtöäni Etelä-Amerikkaan. Kirjoittaessani kirjan viimeisiä rivejä seuraava säe *Gita dhyananamista* tuli mieleeni.

mūkaṁ karoti vācālaṁ
paṅguṁ laṅghataye giriṁ
yat kṛpā tam ahaṁ vande
paramānanda mādhavam

7

Kumarran Madhavalle,[1]
korkeimman autuuden lähteelle,
jonka armo tekee mykästä loistavan puhujan
ja saa ramman ylittämään vuoria.

Koen, että nuo sanat kuvaavat yhtä hyvin tämän kirjan kirjoitta-
mista, sillä tein tämän samanlaisten aikarajoitusten alaisena, paitsi
että tällä kertaa tielläni oli vielä enemmän esteitä. Se, että pidät
nyt tätä kirjaa käsissäsi, johtuu yksin Amman armosta, jonka
puhdas käyttöväline olen aina pyrkinyt olemaan.

Swami Ramakrishnananda Puri
Amritapuri
27. syyskuuta 2006

---

[1] Madhava on yksi Krishnan lempinimistä (kääntäjän huomautus).

8

Esittely

Kuulin kerran radioesiintyjän sanovan: "Sisäisen rauhan saavuttaa, kun tekee valmiiksi kaiken, minkä on kerran aloittanut, mutta mitä ei ole saanut valmiiksi." Otettuaan nämä sanat tosissaan hän katseli ympärilleen kotonaan nähdäkseen mitä hän oli aloittanut, mutta ei ollut vienyt päätökseen. Niinpä hän joi samppanjapullon loppuun, samoin kuuden pullon olutpakkauksen, söi paketin suklaalastuja, kolmeneljäsosaa aloitetusta mustikkajuustokakusta ja paketin guormet-suklaata. Tämä uusin ajatus mielessään hän päätti soittaa ystävilleen ja kertoa heille erinomaisesta uudesta toimintatavastaan. Mutta matkalla puhelimeen hän menetti tajuntansa ja kun hän heräsi, hän huomasi katsovansa teho-osaston voimakkaita valoja.

Me olemme saattaneet ryhtyä samalla tavoin väärällä tavalla etsimään sisäistä rauhaa. Jos todella haluamme löytää sisäisen rauhan, meidän on tutustuttava niiden elämään ja opetuksiin, jotka ovat saavuttaneet sen. Elämme samassa maailmassa kuin henkiset mestarit ja kohtaamme samoja ongelmia elämässämme, silti he ovat rauhallisia ja tyytyväisiä, kun me taas olemme levottomia ja tyytymättömiä.

Kerran eräs menestynyt tiedemies tuli tapaamaan Ammaa. Kun Amma kysyi hänen perheensä hyvinvoinnista, hän purskahti itkuun. Hän selitti, että hänen poikaansa ei oltu hyväksytty siihen yliopistoon, mihin hän oli halunnut päästä. Sen seurauksena tiedemies oli viettänyt unettomia öitä kantaen huolta poikansa tulevaisuudesta. Vaikka tämä tiedemies olikin älyn jättiläinen, hänellä ei ollut kykyä kohdata elämän haasteita tyynesti.

Lukijan saattaa olla vaikea kuvitella, että tavattuani Amman kaksikymmentäyhdeksän vuotta sitten[1], hän asui ulkona, nukkuen tähtien alla – hän eli käytännössä niin kuin koditon elää. Itse asiassa Amma oli elänyt jo pitkään näin. Muutamia vuosia myöhemmin, kun ensimmäinen ryhmä *brahmachareja* (selibaatissa eläviä opetuslapsia) asettui ashramiin, rakennettiin ensimmäinen pieni maja. Siihen aikaan en olisi osannut kuvitellakaan, että näin vaatimattomasta alusta voisi kasvaa mittava henkinen järjestö ja hyväntekeväisyysorganisaatio, joka koskettaa kymmenien miljoonien ihmisten elämää ympäri maailmaa ja joka saa aikaan monenlaisia myönteisiä vaikutuksia ympäri maailmaa.

Toisinaan ihmiset kysyvät Ammalta:

"Olet saavuttanut niin paljon lyhyessä ajassa. Miltä nämä saavutuksesi tuntuvat sinusta?"

Amma vastasi: "Eivät ne tunnu minusta miltään. Maailma voi ylistää tai arvostella minua. Kummassakaan tapauksessa se ei vaikuta minuun. En etsi arvostusta tai tunnustusta. Olen jo uhrannut itseni maailmalle ja palvelen ihmiskuntaa kaikin mahdollisin tavoin viimeiseen henkäykseeni asti."

Amma eli rauhassa silloin, kun hänellä ei ollut kattoa pään päällä eikä yhtään ystävää maailmassa, ja hän elää rauhassa nyt, ollessaan yksi laajimmin tunnustetuista henkisistä johtajista ja hyväntekijöistä maailmassa. Amma sanoo, että todellinen henkinen saavutus on kyky säilyttää henkinen tasapaino kaikissa olosuhteissa – että ei koskaan menetä sitä sisäistä rauhaa, joka on meidän todellinen olemuksemme ja kotimme. Maalla sätkivä kala ei välttämättä tiedä, että sen lähettyvillä on vettä ja siksi se kärsii. Samalla tavoin, kun emme ole tietoisia siitä, että rauhan ja tyytyväisyyden lähde on sisällämme, mekin kärsimme.

---

[1] Ramakrishna Swami tapasi Amman ensi kerran vuonna 1978.

10

Kerran eräs mies putosi toisen kerroksen ikkunasta. Hän makasi maassa suuri joukko ihmisiä ympärillään, kun poliisi käveli paikan päälle ja kysyi: "Mitä tapahtui?" "En tiedä", maassa makaava mies vastasi. "Tulin juuri tänne." Saatamme nauraa miehen mielettömyydelle, mutta ihmisinä meidän tilanteemme ei ole kovinkaan erilainen. Tiedämmekö miten tulimme tähän maailmaan, mistä tulimme tai mihin olemme menossa? Tiedämmekö keitä olemme? Oman tietämättömyytemme ymmärtäminen on iso askel eteenpäin kohti viisautta, sillä se tekee meidät vastaanottavaisiksi todellisen henkisen opettajan ohjaukselle.

Armonsa, ohjauksensa ja oman elämänsä esimerkillä henkinen mestari ohjaa meidät oivallukseen siitä, että emme ole aaltoja, joiden kohtalona on murskautua avuttomina rantaa vasten ja kadota ikuisiksi ajoiksi. Sen sijaan olemme itse valtameri. Olemme korkein autuus ja ikuinen rauha, jota olemme etsineet – tämä on meidän Todellinen Itsemme, kaikkialla läsnäolevan korkeimman tietoisuuden, *Atmanin* olemus.

Koskaan ei ole ollut yhtä kärsivällistä, rakastavaa ja helposti lähestyttävää henkistä opasta kuin Amma, jonka jokainen sana, teko ja henkäys todistaa tätä totuutta. Tarkastellessamme Amman elämää voimme oppia, kuinka voimme saada eniten hyötyä elämästämme – kuinka voimme oppia sisäisen rauhan salaisuuden.

Amman elämä
hänen itsensä kertomana

"Niin kauan kuin näissä käsivarsissa on tarpeeksi voimaa laittaa kädet itkevän olkapäille ja koskettaa heitä, jotka tulevat Amman luo, Amma jatkaa tällä tavoin. Hellien rakkaudella ihmisiä, lohduttaen heitä ja pyyhkien heidän kyyneleensä, aina tämän maallisen kehon loppuun asti – tämä on Amman toive."

– Amma

Synnyttyään syrjäiseen merenrannalla sijaitsevaan etelä-intialaiseen kylään Keralan osavaltiossa, Amma sanoo, että hän tiesi aina tämän muuttuvan maailman muotojen ja nimien tuolla puolen olevan korkeampi todellisuus. Jo lapsena Amma ilmaisi rakkautta ja myötätuntoa kaikille. Hän sanoo: "Katkeamaton rakkaus virtaa Ammasta kaikkia eläviä kohtaan maailmankaikkeudessa. Tämä on Amman sisäsyntyinen olemus."

Varhaisista vuosistaan Amma kertoo sanoen: "Lapsuudesta alkaen Amma ihmetteli, miksi maailman ihmisten pitää kärsiä. Minkä tähden he ovat köyhiä? Miksi he näkevät nälkää? Sillä alueella, missä Amma kasvoi, ihmiset ovat kalastajia. Joinakin päivinä, kun he lähtivät kalaan, he eivät saaneet lainkaan saalista. Ja tämän takia he joutuivat olemaan ilman ruokaa – toisinaan useita päiviä. Amma tuli läheiseksi näiden kyläläisten kanssa ja sai monia tilaisuuksia oppia maailman luonteesta tarkkailemalla heidän elämäänsä ja vaikeuksiaan."

"Amma teki kaikki kotitaloustyöt ja syötti perheen lehmät ja vuohet. Voidakseen tehdä näin hänen piti mennä joka päivä kolmeenkymmeneen tai – joinakin päivinä jopa kuuteenkymmeneen

13

– naapuritaloon kerätäkseen tapiokan kuoria ja muita hylättyjä ruokatarpeita. Vieraillessaan näissä taloissa hän huomasi aina, että ihmiset kärsivät – toisinaan vanhuuden, köyhyyden tai sairauksien tähden. Amma istui heidän seurassaan, kuunteli heidän ongelmiaan, jakoi heidän kärsimyksensä ja rukoili heidän puolestaan."

"Aina kun Ammalla oli aikaa, hän toi näitä ihmisiä vanhempiansa talolle. Siellä hän antoi heille lämpimän kylvyn ja syötti heidät. Toisinaan hän otti tavaroita omasta talostaan ja lahjoitti ne nälkää näkeville perheille."

"Amma havaitsi, että kun lapset ovat nuoria, he ovat riippuvaisia vanhemmistaan. Niinpä he rukoilivat, että heidän vanhempansa eläisivät pitkään, eivätkä sairastuisi. Mutta kun nämä samat lapset kasvoivat, he kokivat että heidän vanhempansa, jotka olivat nyt vanhoja, olivat taakkoja. He ajattelivat: 'Miksi minun pitäisi tehdä kaikki tämä työ vanhempieni eteen?' Heidän syöttämisensä, vaatteidensa peseminen ja heistä huolehtiminen oli nyt taakka samoille lapsille, jotka aiemmin rukoilivat että he eläisivät pitkään. Nähdessäni tämän, kysymys heräsi sisälläni: 'Miksi tässä maailmassa on olemassa niin monia vastakohtaisuuksia? Miksi täällä ei ole todellista rakkautta? Mikä on tämän kaiken kärsimyksen todellinen syy ja mikä on ratkaisu siihen?"

Amma sanoo: "Vastaus nousi välittömästi sisältäni: Ihmiskunnan kärsimys johtui ihmisten *karmasta*[1], heidän aiempien tekojensa hedelmistä. Amma ei kuitenkaan ollut tyytyväinen tähän. Hän ajatteli: 'Jos heidän *karmansa* on kärsiä, eikö minun *dharmani* ole auttaa heitä?' Jos joku putoaa syvään kuoppaan, onko oikein kävellä vain ohi sanoen: 'Ah, se on heidän *karmaansa*, että he joutuvat kärsimään tuolla tavoin'? Ei, meidän velvollisuutemme on auttaa heitä nousemaan ylös sieltä."

---

[1] *Karma* tarkoittaa tekoa ja sen seurausvaikutusta (kääntäjän huomautus).

14

"Amma tiesi jo varhaisesta lapsuudesta alkaen, että Jumala – Itse, Korkein Voima – yksin on totuus ja että maailma ei ole absoluuttinen todellisuus. Sen tähden hän vietti pitkiä aikoja syvään meditaatioon vaipuneena. Amman vanhemmat ja sukulaiset eivät ymmärtäneet mitä oli tapahtumassa. Tietämättömyytensä tähden he sättivät häntä ja vastustivat hänen henkisiä harjoituksiaan."

Amma sulautui Jumalan ajattelemiseen niin voimallisesti, että hänen perheensä arvostelu ja kuritus eivät vaikuttanut häneen. Tässä vaiheessa Amma vietti päivät ja yöt ulkona, avoimen taivaan alla. Eläimet ja linnut pitivät hänestä huolta, tuoden hänelle ruokaa ja herättäen hänet syvästä meditaation tilasta.

"Amma oivalsi ykseytensä koko luomakunnan kanssa ja ymmärsi että hänen elämänsä tarkoitus oli kärsivän ihmiskunnan kohottaminen. Silloin Amma aloitti henkisen lähetystyönsä, levittäen totuuden, rakkauden ja myötätunnon sanomaa eri puolille maailmaa, ottaen vastaan jokaisen."

Pian yhä enemmän ja enemmän ihmisiä halusi kokea Amman ehtoja asettamattoman rakkauden ja myötätunnon. Heitä alkoi saapua eri puolilta maailmaa tähän uneliaaseen, syrjäiseen Parayakadavun kalastajakylään. Ennen pitkää heidän, jotka tahtoivat kokea Amman pyyteettömän rakkauden, piti ottaa jonotuslappu ja odottaa omaa vuoroaan. Tänä päivänä Amma matkustaa suurimman osan vuodesta eri puolilla Intiaa ja maailmaa lohduttaen kärsivää ihmiskuntaa sanojensa ja rakkaudellisen halauksensa avulla. Hänen ashraminsa on 3000 ihmisen koti ja tuhannet vierailijat saapuvat eri puolilta Intiaa ja maailmaa sinne. Ashramin asukkaita ja vierailijoita innostaa Amman antama esimerkki ja niinpä he omistautuvat maailman palvelemiselle. Amman laajan hyväntekeväisyysverkoston nimissä he rakentavat koteja kodittomille, jakavat eläkkeitä köyhille ja antavat lääketieteellistä hoitoa sairaille. Lukemattomat ihmiset eri puolilla maailmaa osallistuvat tähän rakastavaan avustustyöhön. Jokin aika sitten Amma sai kansainvälistä huomiota, kun hän lahjoitti miljoona dollaria Bush-Clintonin Katrina Säätiölle hirmumyrskyn tuhojen korjaamiseksi Yhdysvalloissa, ja kun hän antoi yli 23 miljoonaa dollaria tsunamin uhrien auttamiseen ja asuttamiseen Intiassa, Sri Lankassa ja Andamanin & Nikobarin saarilla. Kun lehtimies kysyi Ammalta, miten hän kykeni antamaan niin suuren summan rahaa tsunamin jälkien korjaamiseen, Amma vastasi: "Lapseni ovat minun voimani."

Hän ei puhunut ainoastaan brahmachareista, brahmacharineista ja muista ashramilaisista, jotka työskentelevät jopa 15 tuntia päivässä ilman palkkaa, omistautuen auttamaan niin monia ihmisiä ja niin nopeasti kuin mahdollista. Viitaten miljooniin oppilaisiinsa eri puolilla maailmaa Amma sanoi: "Minulla on monia hyviä lapsia. He kaikki tekevät sen minkä voivat."

Hän selitti, että jopa pienet lapset tekevät nukkeja ja patsaita ja myyvät ne sitten antaen tulot rakkaalle Ammalleen.

Amma sanoi:"Kun jotkut lapset saavat rahaa lahjaksi syntymäpäivänään tai kun heidän vanhempansa sanovat, että he voivat saada jäätelön, he vastaavat, että he haluavat antaa tuon rahan mieluummin Ammalle, selittäen vanhemmilleen, että Amma käyttää rahan köyhien lasten auttamiseen. Toiset lapset tulevat Amman luo ja lahjoittavat säästönsä, sanoen että sen voi käyttää kynien ostamiseen köyhille oppilaille. Amma ei halua ottaa rahaa vastaan, sillä silloin toiset lapset, joilla ei ole mitään mitä lahjoittaa, saattavat tuntea olonsa surulliseksi, mutta kun Amma näkee heidän sydämensä hyvyyden, hänellä ei ole muuta vaihtoehtoa. Hallitus ei kykene yksin tekemään kaikkea. Antaisivatko nämä lapset rahansa hallitukselle samalla rakkaudella kuin he antavat sen Ammalle?"

Ammalle on jaettu kansainvälisiä huomionosoituksia: Maailman Uskontojen Parlamentin 100-vuotisjuhla nimesi hänet hinduuskonnon presidentiksi, hän piti Yhdistyneiden Kansakuntien Vuosituhannen vaihteen Maailman Rauhan huippukokouksen avajaispuheen ja hänelle ojennettiin vuoden 2002 Gandhi-King väkivallattomuuden palkinto. Jokin aika sitten Amma sai – samaan aikaan vuoden 2005 Nobelin rauhan palkinnon saajan Mohamed ElBaradein kanssa – vuoden 2006 James Park Nortonin Uskontojen välisen yhteistyön palkinnon New Yorkin Uskontojen välisessä keskuksessa ansioistaan esimerkillisenä henkisenä johtajana ja hyväntekijänä. Kun palkinto ojennettiin hänelle, Uskontojen välinen keskus mainitsi erityisesti hänen ashraminsa laajan auttamistyön vuoden 2004 tsunamin yhteydessä. Ojentaessaan palkintoa kunnioitettu James Park Morton sanoi Ammalle: "Sinä ilmennät kaikkea sitä, mitä me edustamme."

Amma sanoo, että "Rakkaus on lopulta ainoa lääke, joka voi parantaa maailman haavat. Tässä maailmankaikkeudessa rakkaus sitoo kaiken yhteen. Kun meissä herää tietoisuus tästä, kaikenlainen epäsopu päättyy. Silloin yksin rauha vallitsee."

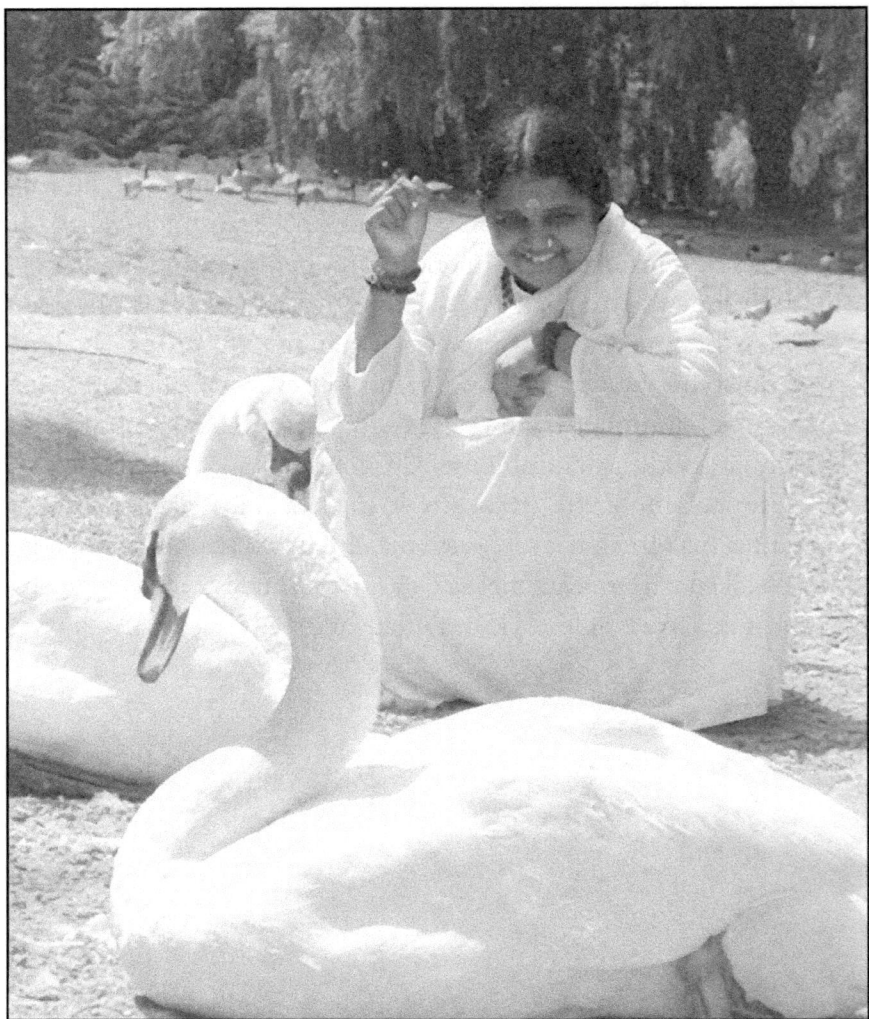

LUKU 1

Terveen mielen kehittäminen

Vaikeudet voimistavat mieltä,
aivan niin kuin ponnistelu voimistaa kehoa.

— Seneca

Kun Amma alkoi vuonna 1987 vierailla Japanissa, Yhdysvalloissa ja monissa muissa kehittyneissä maissa, minä kuuluin siihen pieneen ryhmään opetuslapsia, jotka seurasivat häntä. Se oli ensimmäinen kerta kun lähdin Intian ulkopuolelle ja olin vaikuttunut siitä mitä näin. Kaikilla oli tietokoneet, kuivausrummut, pesukoneet — joillakuilla oli jo matkapuhelinkin. Tänä päivänä myös Intia on nopeasti kehittyvä kansakunta. Mutta tuossa vaiheessa tällaiset näyt olivat minulle ihme. Nähdessäni teknisen kehityksen ja erilaiset mukavuudet lännessä, ajattelin että 'Tämä on taivas'. Minä jopa ajattelin, että Ammalla ei ollut tarvetta tulla länteen, koska ihmisillä näytti olevan kaikki mitä he tarvitsivat.

Mutta kun Amman *darshan* [1] alkoi, ihmiset alkoivat kertoa ongelmiaan hänelle. Toimin usein heille kääntäjänä ja kun kuulin

---

[1] *Darshan* tarkoittaa kirjaimellisesti 'näkemistä'. Sillä tarkoitetaan pyhän ihmisen, Jumalaa esittävän kuvan tai Jumalan itsensä näkemistä. Tässä kirjassa *darshanilla* tarkoitetaan Amman äidillistä halausta. Amma on sanonut darshanistaan: "Amman halausta ja suukkoja ei tule pitää tavallisina. Kun Amma syleilee tai suukottaa jotakuta, silloin tapahtuu puhdistumista ja sisäistä parantumista. Amma siirtää osan puhtaasta elinvoimastaan lapsiinsa. Se sallii heidän samalla kokea todellisen, varauksettoman rakkauden. Kun Amma pitelee jotakuta, se voi auttaa uinuvaa henkistä energiaa heräämään heidän sisällään, joka johdattaa heidät lopulta Itseoivalluksen korkeimpaan päämäärään."

19

heidän ongelmistaan – huumeriippuvuudesta, teini-iän raskaudesta, useista avioeroista, masennuksesta – olin mykistynyt. Ennen kuin tulin länteen ajattelin, että lama tarkoitti säätilaa tai taloudellista taantumaa. En ollut koskaan tavannut ketään, joka kävi psykiatrilla ja sitten sain tietää, että lännessä jopa koirilla oli omat psykiatrinsa. Muistin länsimaisen filosofin Jean-Paul Sartren sanat: "Kaikki muu on keksitty, paitsi kuinka elää." Ei ollut epäilystäkään, etteikö näiden maiden ihmiset olisivat eläneet ulkoisessa mielessä mukavaa elämää, mutta samalla he kävivät läpi suurta sisäistä kuohuntaa. Amman rakkaus oli kovasti tarpeen palsamina heidän sydämensä haavoille, ja hänen henkinen opastuksensa antoi heille voimaa ja luottamusta, jota he tarvitsivat päästäkseen elämässään eteenpäin.

Voidaksemme nauttia rauhallisesta elämästä, meidän on omaksuttava henkiset arvot ja elää niiden mukaisesti. Tämä tarkoittaa sitä, että luovumme riippuvuuksistamme ja odotuksistamme ja ymmärrämme maailman ja ihmisten muuttuvan luonteen.

Moni kokee, että henkisyys on mukava filosofia, mutta että sillä ei ole paljoakaan merkitystä päivittäisen elämän käytännöllisille vaatimuksille. Saatamme ihmetellä henkisyyden ja meidän päivittäisen elämämme välistä yhteyttä. Sanokaamme, että jos jalkani on pahasti tulehtunut ja tarvitsen antibioottipistoksen, lääkärin ei tarvitse injektoida jalkaani, hän antaa pistoksen käsivarteeni. Emme esitä tämän takia vastalausetta sanoen, että "Hyvä lääkäri, ongelma on jalassani, miksi annat pistoksen käsivarteeni?", sillä tiedämme, että lääke kulkee verenkierron mukana tulehtuneeseen jalkaamme. Samalla tavoin, saattaa näyttää siltä, että henkisillä harjoituksilla ei ole mitään tekemistä jokapäiväisten ongelmiemme kanssa, mutta tosi asiassa ne ovat hyvin läheisesti yhteydessä toisiinsa. Henkisyys valmistaa mieltämme kohtaamaan elämän erilaiset haasteet. Aivan niin kuin lääke leviää verenkierron mukana eri puolille kehoa, samalla tavoin henkisyyden lääke leviää mielen kautta hyödyttäen kaikkia elämämme osa-alueita.

Jos havainnoimme tarkasti, voimme havaita että elämämme on sarja erilaisia kokemuksia. Koemme kaikki nämä kokemukset mielemme välityksellä. Jos mieli ei toimi, emme koe mitään. Kun olemme esimerkiksi syvässä unessa, vaikka maailma onkin edelleen olemassa, ihmiset puhuvat ja nauravat ja monia asioita voi tapahtua läheisyydessämme, emme ole siitä tietoisia, koska mielemme ei ole hereillä. Vasta sitten kun heräämme, koemme maailman.

Koska havaitsemme erilaiset kokemukset mielemme välityksellä, on tärkeää että mielemme on voimakas ja terve. On olemassa sanonta "millainen mieli, sellainen ihminen". Jos olemme tanssijoita ja lava, jolla meidän tulee tanssia, ei ole vakaa, silloin tanssimmekin on huteraa. Samalla tavoin meidän mielemme on näyttämö, jossa elämämme näytelmä näytellään. Jos mielemme on epävakaa, elämämme heijastelee sitä. Jos mielemme on vakaa ja terve, elämämme on suhteellisen onnellista ja rauhallista. Mieli tekee meistä onnellisia tai onnettomia, rauhallisia tai jännittyneitä. Henkinen ymmärryskyky auttaa meitä kehittämään itsellemme terveen mielen, minkä seurauksena voimme kokea enemmän rauhaa ja tyytyväisyyttä elämässä huolimatta alati muuttuvasta maailmasta ympärillämme.

Tarina kertoo varakkaasta naisesta, joka menetti koko omaisuutensa solmimansa sopimuksen seurauksena. Kerrottuaan rakastetulleen siitä, että hän oli nyt pennitön, hän kysyi tältä: "Rakkaani, vaikka en olekaan enää rikas, rakastatko minua yhä?"

"Tottakai, rakkaani", hänen rakastettunsa vakuutti. "Rakastan sinua aina – vaikka en varmaankaan näe sinua enää koskaan."

Tällainen on maailman luonne. Joku joka rakastaa meitä tänään, saattaa jättää meidät huomenna. Emma aina saa sitä mitä odotamme, itse asiassa saamme usein sitä mitä emme odota. Saatamme olla tänään terveyden perikuvia ja huomenna huomaamme, että meille on kehittynyt kaiken energiamme vievä sairaus. Henkisyys muistuttaa meitä tällaisista tosiasioista valmistaen meitä hyväksymään tyynesti erilaiset tilanteet, mihin elämä voi meidät kuljettaa.

Amma sanoo, että saatamme joutua kokemaan enemmän huonoja kuin hyviä asioita. Elämän rikkaus ei määrity sen mukaan kuinka paljon saamme kokea miellyttäviä asioita vaan sen mukaan kuinka käsittelemme epämiellyttäviä tai haastavia kokemuksia. Voidaksemme ennaltaehkäistä tai parantaa sairauden joudumme toisinaan juomaan karvaan makuista lääkettä. Samalla tavoin, miellyttävät kokemukset parantavat elämämme laatua, mutta elämän vaikeuksien kohtaaminen auttaa meitä kehittämään sisäistä voimaa.

Tarina kertoo hovinarrista, joka meni käytöksessään eräänä päivänä liian pitkälle loukaten kuningasta. Raivostunut kuningas määräsi narrin teloitettavaksi. Hovi kehotti kuningasta armahtamaan tämän miehen, joka oli palvellut häntä monta vuotta. Mietittyään asiaa aikansa kuningas heltyi sen verran, että salli narrin valita tavan, jolla hänen täytyisi kuolla. Narri vastasi: "Jos se on sama sinulle, herrani, haluaisin kuolla vanhuuteen."

Jokainen elämän tilanne antaa meidän tehdä valinnan. Voimme joko reagoida – egomme, menneitten kokemustemme, riippuvuuksiemme ja kielteisten tunteittemme pohjalta – tai myönteisten tunteitten, kuten rakkauden, myötätunnon, kärsivällisyyden ja ystävällisyyden pohjalta. Avain toimimiseen reagoimisen sijasta on siinä, että hyväksymme meille annetun tilanteen. Kun hyväksymme tilanteen sellaisena kuin se ilmenee, alamme nähdä salattuja oppitunteja ja mahdollisuuksia siinä, jolloin voimme toimia sen mukaisesti. Suuri osa meistä kuitenkin tapaa reagoida ja sen seurauksena turhaudumme, tulemme vihaisiksi tai masennumme. Silloin meidän elämästämme tulee sarja reagointeja, joiden välissä on muutamia rauhallisia hetkiä, jolloin asiat ovat menneet odotustemme mukaisesti. Tosi asiassa meillä on aina yksi tai toinen ongelma, mutta suurten ongelmien välissä – kun meillä on vain pieniä ongelmia –sanomme että asiat menevät toivomallamme tavalla.

Erään kymmenvuotiaan pojan lempiharrastus oli itsepuolustuslaji. Eräänä päivänä hän joutui vakavaan auto-onnettomuuteen, jolloin hänen vasen kätensä vahingoittui, minkä seurauksena se jouduttiin amputoimaan. Hän olisi voinut reagoida tähän epäonneen kielteisellä tavalla ja luopua kokonaan itsepuolustuksen harrastamisesta. Sen sijaan hän jatkoi oppituntejaan ja hänen judo-mestarinsa suostui opettamaan hänelle sellaisen judo-tyylin, jota on mahdollista harjoittaa vain yhdellä kädellä.

Kolmen kuukauden kuluttua poika oli oppinut vasta yhden liikkeen. Hän pyysi opettajaansa opettamaan hänelle uusia liikkeitä. Judo-mestari kertoi hänelle luottamuksella, että se oli ainoa liike, jota hän tarvitsisi tässä vaiheessa.

Pian tämän jälkeen poika osallistui kilpailuun. Vaikutti siltä, että poika olisi helppo voittaa, sillä hänen vastustajallaan oli kaksi käsivartta ja hän oli kookkaampi ja kokeneempi. Mutta kun poika sai mahdollisuuden, hän käytti tilanteen hyväkseen nauliten suuremman pojan sen liikkeen avulla, jonka hän oli oppinut opettajaltaan.

Matkalla kotiin poika kysyi opettajaltaan: "Miten minä saatoin voittaa vaikka osasin vain yhden liikkeen?"

Mestari vastasi: "Sinä olet oppinut hallitsemaan judon yhden kaikkein vaikeimmista liikkeistä. Ainoa puolustuskeino tuota liikettä vastaan on siinä, että vastustaja tarttuu vasempaan käteesi."

Koska tämä poika oli valinnut myönteisen asenteen siihen, että hän oli menettänyt kätensä, hän sai havaita että itsepuolustuksessa hänen suurimmasta heikkoudestaan oli tullut hänen suurin voimansa.

Tämän pojan lailla voimme valita, että toimimme sen sijaan, että reagoisimme kaikkiin elämän tilanteisiin. Meillä on vapaus tehdä sillä tavoin, mutta suurimmaksi osaksi me hukkaamme tämän vapauden ja ajattelemme, että elämä on jakanut meille huonot kortit.

Lukija on saattanut kuulla tarinoita sitä, miten ankaraa kuria Amman äiti, Damayanati Amma, piti hänelle lapsena. Damayanti sanoi Ammalle, että jos hän sattui astumaan paperinpalasen päälle, hänen tuli koskettaa sitä ja koskettaa sitten silmiään kunnioituksen osoituksena, koska kaikki paperinpalaset edustivat Sarasvatia, oppimisen jumalatarta. Hänen tuli tehdä samoin, jos hän astui kynnykselle (sillä se johdatti hänet yhdestä paikasta toiseen) ja jos hän sattui astumaan lehmänlannan päälle (koska lehmä ottaa itselleen niin vähän ja tarjoaa maailmalle niin paljon). Kun Amma oli nuori tyttö, tapana oli että tulta ei sytytettäisi vaan mentäisiin naapuritaloon, missä tuli oli jo sytytetty ja kaikki kylässä sytyttivät oman lamppunsa tuosta yhdestä lampusta. Kun Damayanti lähetti Amman sytyttämään heidän lamppunsa tuosta lampusta, hän sanoi: "Jos huomaat, että heidän luonaan on likaisia astioita, tiskaa ne ennen kuin palaat."

Jos vieras tuli yöpyäkseen heidän luonaan Amman äiti kehotti Ammaa viettämään yön etupihalla, jotta vieras saisi oman huoneen. Vieras syötettiin ensin. Amma kertoi, että hänen äitinsä ei ollut huolissaan siitä saisivatko hänen omat lapsensa ruokaa, kunhan vain vieras sai runsaasti ruokaa, ja että hänen olonsa tehtiin mukavaksi kaikin tavoin. Toisinaan lapsille annettiin vain vettä. Jos Amma jauhoi currya tulevaa ateriaa varten, Damayanti kielsi

Ammaa puhumasta ennen kuin tämä oli saanut työn tehtyä, sillä hän pelkäsi, että sylkeä saattaisi pudota ruoan päälle.

Koska Amman mieli oli uppoutunut syvällisesti henkisiin periaatteisiin, hän kykeni lähestymään ilmiselvästi vaikeaa tilannetta myönteisessä valossa – näistä ankarista rajoituksista huolimatta. Amma sanoo, että hän ei tuntenut koskaan mitään kielteistä äitiään kohtaan. Amma jopa toisinaan viittaa siihen, että Damayanti Amma oli hänen gurunsa. Hän sanoo: "Vaikka hänellä ei ollut henkistä ymmärryskykyä, hän kykeni silti ohjaamaan minua."

Amma sanoo, että hän piti näitä rajoituksia osana henkisyyttä, kokien, että ne auttoivat häntä elämään tarkkaavaisemmin. Amman kyky löytää henkinen periaate jokaisesta hänen äitinsä ohjeesta kuvasti hänen mielensä tervettä tilaa.

Kerran mies käveli rannalla, jolloin hän löysi likaantuneen lampun lojumasta hiekalla. Hän poimi sen ja käänsi sen ylösalaisin – se näytti olevan tyhjä. 'Miksipä ei', hän ajatteli ja katsoi ympärilleen ollakseen varma, että kukaan ei tarkkaillut häntä. Sitten hän puhdisti lampun.

Samassa henkiolento ilmestyi kiittäen miestä siitä, että tämä oli auttanut hänet ulos. Henki sanoi: "Kiitokseksi ystävällisyydestäsi annan sinun esittää yhden toivomuksen, mutta vain yhden."

Mies mietti hetkisen ja sanoi sitten: "Olen aina halunnut mennä Hawaijille, mutta en ole koskaan voinut mennä, sillä pelkään lentämistä ja laivassa taas tulen merisairaaksi. Niinpä toivon, että täältä rakennettaisiin silta Hawaijille.

Henkiolento mietti hetkisen ja sanoi sitten: "Ei, enpä usko että voin tehdä sitä. Ajattelepa kuinka paljon työtä se pitää sisällään – paalutuksen tulisi ulottua valtameren pohjaan asti. Kuinka paljon sementtiä tarvittaisiinkaan. Puhumattakaan sadevesijärjestelmästä ja valaistuksesta... Ei, se on liikaa pyydetty. Pyydä jotakin järkevämpää."

Mies ajatteli hetkisen.

"Hyvä on. Entäpä tämä sitten? Minä ja vaimoni riitelemme jatkuvasti. Voitko muuttaa hänet niin, että meillä olisi täydellinen avioliitto?"

Henkiolento haroi hetkisen partaansa, kohotti sitten katseensa ja sanoi: "Hyvä on. Haluatko moottoritiehen kaksi vai neljä kaistaa?"

Amma sanoo, että meillä on taipumus odottaa ihmisiltä enemmän kuin mitä he kykenevät antamaan. Amma vertaa tätä siihen, kun katsomme sammakkoa ja näemme elefantin. Jos odotamme sammakon kykenevän suoriutumaan elefantin tehtävistä, tulemme pettymään.

Vain henkisten periaatteiden ymmärtäminen poistaa meidän järjettömät odotuksemme maailman suhteen. Koska Amma ymmärtää ja hyväksyy maailman luonteen, hänellä ei ole järjettömiä odotuksia sen suhteen kuinka ihmiset kohtelevat häntä tai sen suhteen mitä hän voi saada ulkopuolisesta maailmasta. Henkisyys auttaa meitä kehittämään itsellemme selkeän näkemyksen. Voi olla, että emme tule koskaan näkemään maailmaa Amman silmin, mutta jos mietiskelemme hänen opetuksiaan ja seuraamme hänen antamaansa esimerkkiä parhaamme mukaan, meidän ymmärryskykymme paranee varmuudella. Tämä auttaa meitä kokemaan enemmän rauhaa ja tyytyväisyyttä päivittäisessä elämässämme ja keskittymään ihmiselämän todelliseen päämäärään – oivallukseen ykseytemme Jumalan ja koko luomakunnan kanssa.

LUKU 2

Subjekti ja objekti

Jos et oivalla alkulähdettä, tulet kompuroimaan hämmennyksen ja surun vallassa. Oivaltaessasi mistä tulet, sinusta tulee luonnollisella tavalla suvaitsevainen, takertumaton, huvittunut, ystävällinen kuin isoäiti, arvokas kuin kuningas. Sulautuessasi Taon ihmeeseen, osaat tulla toimeen kaiken sen kanssa, minkä elämä tuo eteesi, ja kun kuolema tulee, olet valmis.

– Tao Te Ching

Eräänä iltana Intian festivaaliaikaan eräs oppilas lähetti taivaalle räiskyviä ilotulitusraketteja Amman ashramissa. Ääni oli kuurouttava ja näky vaikuttava. Kesken tätä näytelmää kuulovammainen ilmestyi huoneestaan kysyen: "Kuka laittoi kaikki valot pois päältä?"

Jos aistimme eivät toimi kunnolla, emme kykene kunnolla havaitsemaan aistikohteita. Jos näkömme on heikko, emme kykene näkemään kunnolla edes kirkkaassa valossa. Jos poltamme kielemme, emme kykene nauttimaan maailman hienoimmastakaan ateriasta.

Voidaksemme kokea jonkin asian, ei riitä että aistimme toimivat virheettömästi ja että aistikohteet ovat läsnä. Jokainen kokemus edellyttää kokijaa tai subjektia. Tämä kokija on mieli.

Jos emme ota aisteja huomioon, jokaiseen kokemukseen liittyy kaksi eri tekijää: subjekti ja objekti eli mieli ja ympärillämme oleva maailma. Jos haluamme elää rauhallista ja tasapainoista elämää, meidän on otettava huomioon sekä kokemustemme kohde että sen kokija. Me kaikki tunnemme hyvin pyrkimyksen parantaa kokemustemme kohdetta. Etsimme aina mukavinta paikkaa, missä asua, korkeapalkkaisinta työtä, maukkainta ruokaa ja vetovoimaisinta puolisoa, mutta jos emme tee mitään kokemustemme kokijalle – omalle mielellemme – emme kykene nauttimaan edes ylellisestä ympäristöstä. [1] Amma sanookin, että ainoa ero rikkaan ja köyhän välillä on siinä, että rikas itkee ilmastoidussa, kokolattiamatolla päällystetyssä huoneessa, köyhän itkiessä majansa maalattialla. Se mitä todella tarvitsemme, on Amman sanojen mukaan 'mielen ilmastoiminen'. Jos onnistumme tässä, voimme olla suhteellisen rauhallisia missä sitten olimmekaan.

Kun mielemme kohtaa aistien välityksellä ympärillämme olevan maailman erilaiset kohteet, kolmitasoinen tapahtumasarja ilmenee. Ensinnäkin meidän mielemme vastaanottaa ärsykkeitä aisteiltamme. Meidän mielemme ja älymme käsittelee sen jälkeen tämän tiedon – joka taas synnyttää tunnetilan, muiston, halun tai ajatuksen. Riippuen siitä minkälaisesta ärsykkeestä on kyse ja minkälainen on oman mielemme ja älymme tila, meissä syntyy vastareaktio – sanojen tai toiminnan muodossa – vastauksena tuohon ärsykkeeseen.

Ensimmäinen askelma tämän tapahtumasarjan parantamisessa on siinä, että olemme varovaisia sen suhteen minkälaisia kohteita

---

[1] Siinä missä länsimainen filosofia pitää mieltä kokijana, vedantan mukaan myös mieli on kohde, koska me olemme tietoisia mielemme tilasta – surun, onnen, vihan, rauhan tunteesta tai jostakin muusta – ja mikä hyvänsä, mistä olemme tietoisia, on kohde. Vedanta sanoo edelleen, että siinä missä Atman (tietoisuus) valaisee mielen, mieli valaisee aistit. Ilman Atmania mieli ei voi toimia, mutta kun mieli ei toimi – niin kuin on asianlaita syvässä unessa – vaikka Atman on yhä läsnä, me emme koe mitään. Aivan niin kuin kuu, jonka aurinko valaisee, antaa valoa maailmalle yöaikaan, samalla tavoin Atman valaisee mielen, joka puolestaan valaisee aistit. Tässä mielessä mieltä käsitellään tässä luvussa kokijana.

aistimme joutuvat kohtaamaan. Ainakin vapaa-ajallamme suurin osa meistä kykenee suuressa määrin hallitsemaan sitä, minkälaisessa ympäristössä olemme. Voimme valita menemmekö elokuvateatteriin, viinakauppaan tai ravintolaan, voimme myös halutessamme vierailla puistossa, eläintarhassa, parantolassa tai meditaatiokeskuksessa. Jokainen ympäristö vaikuttaa meihin eri tavoin, mikä on omiaan saamaan aikaan meiltä tietynlaisen vastareaktion. Suurimmalla osalla meistä on varmaankin tässä vaiheessa käsitys siitä, minkälainen paikka synnyttää meissä sellaisia myönteisiä tuntemuksia, kuten rauhan, tyyneyden, rakkauden ja myötätunnon tunteet ja minkälaiset ympäristöt synnyttävät meissä kielteisiä tunteita, kuten levottomuutta, himoa, kateutta, turhautumista ja vihaa. Harjoittaen jatkuvasti tarkkaavaisuutta voimme tehdä oikeanlaisia valintoja ympäristömme ja aistikohteitten suhteen.

Tietysti on niin, että vaikka pidämmekin huolen siitä, että saamme hyviä ärsykkeitä ulkopuolisesta maailmasta, emme siltikään hallitse mieltämme täysin. Jopa temppelissä tai kirkossa kielteisiä ajatuksia ja tunteita saattaa nousta pintaan. Havainnollistaakseen tätä Amma kertoo usein seuraavan tarinan.

Kun Amma meni alkuaikoina Pohjois-Intian kiertueelle, hän otti melkein kaikki ashramin asukkaat mukaansa, sillä meitä oli vain kourallinen. Mutta vuosien vieriessä brahmacharien ja brahmacharinien määrä lisääntyi suuresti, joten Amma ei voinut ottaa heitä kaikkia kerralla mukaan. Näinä päivinä suurin osa ashramin asukkaista tekeekin ainoastaan puolet kiertueesta. Yhdellä tällaisella kiertueella yksi brahmachareista seisoi kaikkina vapaahetkinään Amman lähellä onnettoman näköisenä. Yleensä ilmapiiri Amman lähellä on hyvin iloinen darshanin aikana, ellei sitten joku oppilaista kerro tullessaan surullista tarinaa. Mutta hymyilevien kasvojen joukossa tämä nuori mies näytti aina surulliselta, kyynelehtien aina välillä. Eräänä päivänä Amma kutsui hänet darshaniin ja kysyi häneltä, mikä oli hänen huolenaiheensa.

"Minun pitää pian lähteä Amman luota", hän selitti kyynelsilmin. "Viikon kuluttua minun pitää palata ashramiin."

Hänen ryhmänsä teki näet ensimmäisen puolikkaan kiertueesta tuona vuonna.

"Mutta sama koskee täällä kaikkia lapsiani", Amma sanoi viitaten hymyileviin kasvoihin ympärillään. "Poikani, murehtiessasi tulevaisuutta, et voi iloita nykyhetkestä. Sen sijaan nämä lapseni nauttivat siitä ajasta, jonka he viettävät seurassani ottaen siitä kaiken ilon irti ja kun heidän pitää lähteä takaisin, heillä on matkassaan muistot näistä arvokkaista hetkistä."

Itse asiassa kun ensimmäinen ryhmä palasi ashramiin ja toinen ryhmä liittyi kiertueen matkaan, Amma havaitsi että toisessakin ryhmässä oli epätoivoinen osallistuja. Kun Amma kysyi tuolta toiselta brahmacharilta mikä oli vinossa, hän vastasi raskain sydämin: "Amma ei ottanut minua mukaan kiertueen ensimmäiselle osalle."

Tämä ajatus vaivasi häntä loppukiertueen ajan eikä hän kyennyt nauttimaan olostaan. Molemmissa tapauksissa näiden nuorten brahmacharien olisi pitänyt kyetä muuttamaan itse kokijaa – omaa mieltään – voidakseen nauttia kohteesta, kokemuksestaan saada olla Amman kanssa kiertueella.

Emme voi aina hallita täysin ulkoisia olosuhteita. Joudumme väistämättä kohtaamaan epämiellyttäviä tilanteita ja olosuhteita, jotka ovat omiaan tuomaan huonoimmat puolemme esille. Tällaisissa tilanteissa, joissa kielteinen reaktio syntyy sisällämme, meidän on kyettävä säätelemään sitä mitä silloin ilmaisemme, jotta emme vahingoita itseämme ja toisia sanoillamme tai teoillamme.

Amma kertoo tätä seikkaa kuvaavan tarinan. Olipa kerran kaksi veljestä, joilla ei ollut oikeastaan mitään muuta yhteistä kuin

se, että he olivat verisukulaisia. Toinen miehistä oli ammattiri-
kollinen, joka oli koko elämänsä joko vankilassa tai palaamassa
sieltä, hulttio jonka kolme avioliittoa olivat epäonnistuneet ja
joka oli huumeista ja alkoholista riippuvainen. Hänen veljensä oli
menestyvän yrityksen varatoimitusjohtaja, joka oli vapaa-ajallaan
perustanut lukutaitoa edistävän projektin auttaakseen oman
yhteisönsä vähäosaisia lapsia. Hän oli naimisissa yliopistoaikaisen
rakastettunsa kanssa. Heillä oli yhteinen lapsi ja sen lisäksi he
päättivät adoptoida kaksi lisää. Veljesten suuren erilaisuuden
hämmästyttämä ihminen esitti saman kysymyksen molemmille
veljille: "Mikä teki sinusta sen, mikä sinä olet tänään?"

Ammattirikollinen sanoi: "Se johtuu isästäni. Hän oli
alkoholisti ja tapasi hakata meitä syyttä suotta. Eikä hän koskaan
osoittanut meille rakkautta tai huolenpitoa. Niinpä minusta on
tullut hänenlaisensa."

Kun sama kysymys esitettiin varatoimitusjohtajalle, hän
vastasi: "Se johtuu itse asiassa minun isästäni. Hänen elämänsä
epäonnistui kaikin tavoin. Niinpä vannoin, että olisin erilainen,
että en toistaisi hänen tekemiään virheitä. Tietyssä mielessä olen
kiitollinen hänelle – hän näytti minulle, millä tavoin *ei* tule elää."

Molemmat veljet kokivat samanlaisen traumaattisen lapsuuden
huonosti käyttäytyvältä isältään – mutta heidän tapansa reagoida
tilanteeseen oli erilainen. Kaikki riippuu siitä, minkälaisessa
kunnossa on tietokoneen suoritin – mielemme.

Srimad Bhagavatamin eepoksessa on tarina, joka valaisee tätä
seikkaa. Saatuaan tietää, että hänen sisarensa kahdeksas lapsi tulisi
tappamaan hänet, paha kuningas Kamsa vangitsi sisarensa Devakin
ja hänen aviomiehensä Vasudevan. Aina kun pariskunnalle syntyi
lapsi, Kamsa otti sitä jalasta kiinni ja murskasi sen pään kiviseinään.
Ollessaan kahdeksatta kertaa raskaana Devaki ja Vasudeva
näkivät Vishnu-jumalan jumalallisessa näyssä. Herra sanoi heille,

että heti kun kahdeksas lapsi olisi syntynyt, Vasudevan tulisi viedä se Vrindavanin kylään, missä Yasodha, kylän päällikön Nandagopan vaimo, olisi juuri saanut pienen tytön. Silloin Vasudevan tulisi jättää heidän poikansa Yasodhalle ja Nangagopalle ja tuoda heidän tyttärensä Devakille. Kun Sri Krishna syntyi Devakin kahdeksanneksi lapseksi, Vasudeva teki juuri niin kuin Vishnu oli neuvonut.

Kun Kamsa sai kuulla, että Devakille oli jälleen syntynyt lapsi, paha kuningas ryntäsi vankiselliin, minne lapsi oli syntynyt. Otettuaan lapsen Devakin käsivarsilta ja tartuttuaan sitä jalasta, hän valmistautui murskaamaan sen pään kiveä vasten. Kamsan tietämättä lapsi, jonka jalasta hän piti kiinni, oli tosi asiassa Yogamaya, Jumalallisen Äidin inkarnaatio. Jumalatar irrottautui helposti hänen otteestaan ja alkoi kasvaa kooltaan. Ulottuessaan taivaisiin asti Yogamaya sanoi Kamsalle: "Sinä et voi tappaa minua. Jos haluaisin, voisin helposti tappaa sinut, mutta hän kenen on määrä tuhota sinut, on elossa, voi hyvin ja sinun ulottumattomissasi. Sinun kohtalosi on sinetöity."

Jotkut oppineet selittävät omalla tavallaan sen, minkä tähden Yogamaya säästi Kamsan elämän. Jumalallinen Äiti on niin myötätuntoinen, nämä oppineet selittävät, että hän suojelee ketä tahansa, joka turvautuu häneen. Perinteisesti jalkojen koskettaminen ilmentää antaumusta. Vaikka Kamsa kosketti Yogamayan jalkoja vain voidakseen tappaa hänet, hänen sydämensä täyttyi myötätunnolla Kamsaa kohtaan ja siksi hän säästi tämän hengen.

Niin kuin tarinan Yogamaya, Amman kaltaiset *mahatmat*[2] vastaavat aina rakentavalla tavalla, kohdeltiin heitä sitten kuinka kielteisellä tavalla tahansa. Ammalle mieli on vain käyttöväline,

---

[2] *Mahatma* tarkoittaa kirjaimellisesti 'suurta sielua'. Vaikka tätä termiä käytetäänkin tässä laajemmassa merkityksessä, *mahatmalla* viitataan tässä kirjassa häneen, joka tietää olevansa yhtä universaalin Itsen tai Atman kanssa.

joka on täydellisesti hänen hallinnassaan ja joka ei koskaan lakkaa toimimasta eikä koskaan toimi väärällä tavalla. Muistan erään avioparin, joka kertoi usein avioliittonsa ongelmista Ammalle. Mies oli äkkipikainen ja syytti aina vaimoaan heidän ongelmistaan, mutta aina kun hän valitti Ammalle vaimonsa heikkouksista, Amma puolusti lujasti naista. Eräänä päivänä mies menetti itsehillintänsä, tällä kertaa ei suinkaan vaimoaan kohtaan vaan Ammaa kohtaan. Hän korotti äänensä ja valitti, että Amma ei koskaan kuunnellut hänen näkemyksiään, minkä jälkeen hän jatkoi jälleen itsepintaisesti selityksiään. Amma kuunteli reagoimatta. Lopulta hän vaipui pihisten hiljaisuuteen ja lysähti tuolin viereen. Amma kommentoi nyt tyynesti: "Olet siis uuvuttanut itsesi... niinpä et ainakaan suutu vaimollesi tänään. Poikani, milloin hyvänsä olet vihainen, tule luokseni ja pura se minuun, sen sijaan että suuntaisit sen vaimoosi. Se ei häiritse Ammaa lainkaan, mutta sinun vaimosi ottaa sanasi omaan sydämeensä ja kärsii sitten pitkäaikaisista haavoista ja saattaa jopa päättää oman elämänsä."

Mies häpesi nyt purkaustaan ja peläten seurausvaikutuksia hän pyysi Ammalta anteeksi ja myöhemmin myös vaimoltaan. Kuulin, että tämän tapahtuman jälkeen mies pehmeni melko tavalla ja oli vaimoaan kohtaan paljon kärsivällisempi.

Amman esimerkin innostamana moni hänen oppilaansa on kyennyt muuttamaan asenteitaan ja ajatustottumuksiaan ja suhtautumaan myönteisemmin vaikeisiin tilanteisiin. Kaksi merkittävintä esimerkkiä tulee Gujaratista. Gujaratissa asuu eräs oppilas, jonka tytär asuu Amritapurissa. Ennen kuin tuhoisa maanjäristys iski Gujaratiin vuonna 2001, hän asui vaimonsa ja kahden lapsensa kanssa Ahmedabadissa. Hänen vaimonsa ja poikansa kuolivat traagisesti tuossa katastrofissa. Silmänräpäyksessä hän menetti lähes kaiken. Sen sijaan, että hän olisi ollut epätoivon vallassa ja menettänyt uskonsa Jumalaan, hän matkusti Amritapuriin pyytäen

Ammalta ohjausta. Kahden päivän junamatkan aikana Gujaratista hän ei kertonut surunaiheistaan kanssamatkustajille vaan puhui Amman elämästä ja opetuksista, hankkien kaksikymmentä uutta tilausta Amman kuukausittain ilmestyvälle henkiselle lehdelle. Mies ja hänen tyttärensä saapuivat Amritapuriin illalla, hetki sen jälkeen kun Amma oli palannut huoneeseensa illan *bhajaneitten* (henkisten laulujen) jälkeen. Kun Amma kuuli, että he olivat saapuneet, hän kutsui heidät saman tien huoneeseensa. Amma laittoi huoneessa heidän päänsä syliinsä. Hänen kasvonsa kuvastivat aviomiehen ja isän, tyttären ja sisaren syvää surua. Kyyneleet alkoivat valua Amman poskille. Lopulta mies kysyi: "Amma, mitä meidän tulisi nyt tehdä?"

"Ammasta tuntuu, että on parempi, että olette molemmat nyt jonkun aikaa täällä ashramissa", hän sanoi. "Ashram huolehtii sinun tyttäresi jatko-opinnoista."

Kuultuaan tämän miehen kasvot kirkastuivat ja hän huudahti: "Amma, olemme todella siunattuja!"

Vaikka hän surikin vaimoaan ja poikaansa, hän ei kuitenkaan murtunut tragedian synnyttämän paineen alla. Hän oli selvästi huolissaan tyttärensä hyvinvoinnista ja oli kiitollinen mahdollisuudesta saada toipua menetyksestään palvelutyön ja henkisten harjoitusten avulla.

Maanjäristysten jälkeen Amma adoptoi Gujaratissa sijaitsevia kyliä. Hänen keskustelunsa näiden kylien asukkaiden kanssa on nyt tunnettu esimerkki Amman oppilaitten keskuudessa, sillä hän viittaa usein heidän puheisiinsa merkittävänä esimerkkinä antautumisesta ja uskosta Jumalaan. Kun Amma tiedusteli miten he nyt voivat, he sanoivat: "Me voimme hyvin. Mitä Jumala antoi meille, sen Hän on nyt ottanut takaisin. Mutta me olemme iloisia siitä, että Amma on nyt meidän kanssamme."

Kun maanjäristys teki vuonna 2001 tuhojaan osassa Gujaratia, Amma toimi paljolti samalla tavoin kuin tsunamin yhteydessä neljä vuotta myöhemmin – hän lähetti heti lääkäreitä, ambulansseja, brahmachareja ja oppilaita auttamaan. Vuotta myöhemmin ashram oli rakentanut kolme kokonaista kylää uudelleen – kaiken kaikkiaan 1200 taloa, kouluja, yhteistiloja, vesisäiliöitä, terveysasemia ja teitä sekä kunnostanut sähkö- ja viemäröintiverkoston Bhujin alueella, missä järistyksen keskus oli ollut ja tuho oli ollut pahinta.

Kun yhden Amman adoptoiman kylän *sarpanch* (kyläpäällikkö) kuuli, että tsunami oli iskenyt Amman omaan kylään, hän ja yhdeksän muuta Gujaratin kyläläistä matkustivat junalla Amritapuriin tarjotakseen apuaan.

"Kun tilanne oli meillä vaikea, Amma tuli ja rakensi kylämme uudelleen", *sarpanch* sanoi. "Nyt tilanne on vaikea Amman kylässä, joten meidän *dharmamme* (velvollisuutemme) on auttaa."

Tällä tavoin asennoituvat Bhujin asukkaat.

Eräs Amman pitkäaikainen oppilas, joka viettää suurimman osan ajastaan Amritapurissa, oli palannut kotimaahansa huolehtiakseen jostakin kiireellisestä perheasiasta, eikä hän siksi ollut paikalla, kun tsunami iski Amritapuriin. Hän seurasi levottomana tapahtumien kehitystä lukien päivittäin ashramin internet-sivustoa. Palattuaan Intiaan hän kertoi kokeneensa syvää levottomuutta siitä, että ei ollut voinut tehdä itse mitään auttaakseen korjaamaan ashramin kärsimiä vahinkoja ja auttaakseen tsunamin uhreja. Sattui kuitenkin niin, että kun hän meni seuraavan kerran kotimaahansa, syttyi sota ja hänen maansa kärsi suurta tuhoa. Oppilaan oli määrä palata Amritapuriin sodan ensimmäisenä päivänä. Autettuaan sukulaisiaan pakenemaan turvallisempiin maihin, hän pyysi Ammalta siunausta voidakseen jäädä maahansa auttamaan haavoittuneita ja hätääkärsiviä. Liikkuessaan sodan tuhoamilla kaduilla hänellä oli aikaa lähettää meille sähköposti:

'Tämä on minun tsunamini', hän kirjoitti. 'Olisin voinut lähteä täältä niin kuin moni muu viime päivien aikana, mutta muistaessani Amman antaman esimerkin, sydämeni on syvästi liikuttunut hätääkärsivien perheiden ahdingosta. Aina kun tapaan jonkun, joka on ahdingossa, ajattelen Amman hymyä ja teen mitä vain voin antaakseni heille apua ja onnen tunnetta.'

Kaikkialla ja kaikkina aikoina, erityisesti nykyaikana, tilanne on sellainen, että emme voi odottaa saavamme kohdata vain onnellisia ihmisiä ja rauhallisia tilanteita. Vaikka aistihavaintomme kohde olisikin epämiellyttävä tai tuskallinen, niin jos oman mielemme tila on hyvä, voimme välttää epätoivon, vihan tai masennuksen valtaan joutumista ja voimme niin olla hyödyksi heille, joita kohtaamme. Omaksuttuamme henkiset arvot ja saatuamme voimaa henkisistä harjoituksista, meidän ei tarvitse reagoida automaattisesti ja usein kielteisesti siihen mitä kohtaamme vaan voimme vastata siihen myönteisellä tavalla.

LUKU 3

Tässä tulee ihminen: Täyden hyödyn saaminen maanpäällisestä elämästä

Vain kaikkein viisaimmat ja tyhmimmät ihmiset eivät koskaan muutu.

– Kongfutse

Saamme kokea monenlaisia kokemuksia elämämme aikana, opimme monia asioita ja teemme monenlaisia tekoja. Inhimillisinä olentoina meillä kaikilla on erilaisia persoonallisuuksia – kuten kokijaminuus, tietäjäminuus ja tekijäminuus. Tai voimme sanoa, että meidän persoonallisuudessamme on nämä kolme eri olemuspuolta.

Syntymästämme lähtien alamme kokea maailmaa aistiemme välityksellä. Kokijaminuus meissä mahdollistaa sen, että voimme olla kosketuksissa sekä miellyttäviin että epämiellyttäviin asioihin ympärillämme.

Persoonallisuutemme tietäjäminuus sallii meidän hankkia tietoa. Meidät kaikki on varustettu ymmärryskyvyllä, jonka avulla voimme oppia maailmasta.

Kolmas olemuspuolemme, joka tunnetaan tekijäminuutena, alkaa myöhemmin elämässämme. Vauvana emme tietoisesti suunnittele tai ryhdy suorittamaan tekoja. Huudamme, itkemme ja sotkemme vaippamme, mutta nämä eivät ole etukäteen suunniteltuja tekoja, joiden taustalla olisi tietty motiivi. Nämä ovat

37

vaistonvaraisia tekoja. Vasta myöhemmin ryhdymme tekemään tarkoituksellisia tekoja.

Kaikilla kolmella persoonallisuutemme osa-alueella on edessään laaja ja avoin toimintakenttä: kokemuksen, tiedon ja toiminnan mahdollisuudet ovat äärettömiä. Valitettavasti elämämme on kovin lyhyt, emmekä ehdi kokea, oppia tai tehdä kovinkaan paljon. Koska käytettävissämme on vain rajoitetusti aikaa, edessämme on valinta. Mille persoonallisuutemme osa-alueelle annamme etusijan? Jos noudatamme pelkästään vaistoamme, laitamme varmastikin kokemuspuolen etusijalle, jolloin tietäjän ja tekijän tulee palvella persoonallisuutemme kokijaa. Jopa koulussa ollessamme, jolloin meidän tulisi keskittyä oppimiseen, taipumuksemme etsiä nautinnollisia kokemuksia nousee päällimmäiseksi. Niinpä suurin osa meistä pitää tärkeimpänä kursseja, jotka auttavat meitä ansaitsemaan mahdollisimman paljon rahaa. Tämä taipumus jatkuu meissä koko elämän ajan.

Mies meni kerran kirjakauppaan etsimään kirjaa, jonka nimi oli *Kuinka tulla miljonääriksi yhdessä yössä*. Myyjä toi miehelle kaksi kirjaa. Mies sanoi: "Yksi kappale riittää."

Myyjä vastasi: "Annoin sinulle vain yhden kappaleen *Kuinka tulla miljonääriksi yhdessä yössä* –kirjaa. Mutta kun joku pyytää tätä kirjaa, annamme aina samalla toisen kirjan – kyse on pakettitarjouksesta."

Asiakas oli yhtäkkiä kovin kiinnostunut.

"Todellako? Mikä se toinen kirja on? "

"Kopio rikoslaista", myyjä vastasi.

Samaan tapaan, jos keskitymme pelkästään siihen, että saamme kokea nautinnollisia kokemuksia emmekä hanki tietoa ja tee oikeanlaisia tekoja, tulemme olemaan lopulta vaikeuksissa.

Kuulin joitakin aikoja sitten tarinan, joka kuvaa traagisella tavalla sitä, miten olemme antaneet kokemuksille liian suuren merkityksen tämän päivän maailmassa. Vuorikiipeilijä, joka oli palaamassa Mount Everestin huipulta takaisin alas, kuoli paleltumiin ja hapen puutteeseen. Surullisinta tässä tarinassa on se, että Mount Everest ei ole enää samalla tavoin autio ei-kenenkään maa niin kuin se oli vuonna 1953, jolloin Edmund Hillary valloitti sen huipun ensimmäisenä. Uudenaikainen tekniikka ja kokeneet oppaat ovat tehneet Everestistä jonkinlaisen turistikohteen, joskin hyvin kalliin ja petollisen. Neljäkymmentä ihmistä ohitti kuolevan miehen matkallaan huipulle. Kuka tahansa heistä olisi voinut uhrata oman mahdollisuutensa päästä huipuille voidakseen pelastaa kuolevan miehen hengen antamalla hänelle happea ja auttaen hänet alas vuorelta. Mutta kukaan ei tehnyt niin. Jokainen heistä oli keskittynyt jännittävään yritykseen saavuttaa vuorenhuippu eikä siihen mitä he olisivat voineet tehdä lähimmäisensä puolesta, joka tarvitsi kipeästi apua.

Itse asiassa, jos painotamme persoonallisuutemme kokijaa, emme eroa paljoakaan eläimistä. Eläimien persoonassa ei ole kuin yksi ulottuvuus ja se on juuri kokija. Aasi tai simpanssi ei mene yliopistoon tai tule kuuntelemaan *satsangia* (henkistä luentoa), sillä heissä ei ole tietäjän olemuspuolta. Lehmä ei kykene suunnittelemaan rohkeaa pakoa maatilalta, koska sillä ei ole itsessään tekijää. Mitä hyvänsä eläin tekeekään, vaistot ohjaavat sitä. Kokijan olemuspuoli on meissä yhteistä eläinten kanssa. Vaikka meistä tulisi maailman paras kokija, jolla olisi mitä erilaisimpia ja nautinnollisempia kokemuksia, se ei olisi suuri saavutus ihmiselle – sillä se olisi sama kuin kilpailisimme eläinten kanssa. Ehkä sen takia kilpailua maallisesta menestyksestä kutsutaan rotan juoksuksi (rat race). Ongelmana tässä kilpailussa on, että vaikka voittaisitkin, olet silti rotta.

Tamil Nadussa eli *avadhuta,* [1]joka tapasi kävellä ympäriinsä alastomana. Kun ihmiset kulkivat hänen ohitseen, hän tapasi sanoa kovaan ääneen: 'Siinä menee koira!' tai 'Siinä kävelee aasi!' Hän ilmaisi näitä havaintojaan riippuen kunkin ohikulkijan hallitsevista *vasanoista* (piilevistä ominaisuuksista). Eräänä päivänä *mahatma,* jonka nimi oli Ramalinga Swami, sattui kulkemaan tämän *avadhutan* ohitse tietä pitkin. Heti kun avadhuta näki Ramalinga Swamin lähestyvän, hän kiljaisi: 'Tuolla tulee ihminen!' Sanottuaan näin hän kietaisi maassa lojuvan vaatekappaleen lanteittensa ympärille. Tämä *avadhuta* piti kaikkia ihmisiä, joilla ei ollut sellaisia inhimillisiä ominaisuuksia kuten rakkautta, myötätuntoa tai ystävällisyyttä, pelkkinä eläiminä. Hän ei tuntenut heidän läheisyydessään tarvetta pitää vaatteita. Mutta hän näki Ramalinga Swamin, joka oli oivaltanut ykseytensä koko luomakunnan kanssa, todellisena ihmisenä. Vain tällaisen todellisen mestarin läheisyydessä hän oli häpeissään alastomuudestaan. Historia todisti, että *avadhuta* oli oikeassa, sillä elämänsä lopulla Ramalinga Swami ei jättänyt kuollutta ruumista jälkeensä vaan hän katosi jumalalliseen, kirkkaaseen valoon.

Olen kuullut kauniin tarinan maailmankuulusta viulistista, joka konsertoi New Yorkissa. Saatuaan polion nuorena tällä muusikolla oli jalkatuet ja hän käveli kävelysauvojen tukemana. Eräänä iltana yleisö odotti hiljaa paikoillaan, kun hän käveli varovasti lavan poikki tuolilleen, otti jalkatuet pois ja otti viulun käteensä. Lopulta hän nyökkäsi kapellimestarille ja niin sinfonia alkoi.

Tällä kertaa kaikki ei mennyt niin kuin olisi pitänyt. Kesken konserton yksi hänen viulunsa kielistä katkesi. Jokainen yleisön joukossa valmistautui jälleen yhteen odotukseen. Mutta viulisti piti vain pienen tauon, sulki silmänsä ja viittasi sitten kapellimestaria

---

[1] *Avadhuta* on pyhimys, jonka käytös ei täytä yhteiskunnallisia normeja.

jatkamaan. Vaikka saattaisi olettaa, että sinfonia kuulostaisi epämiellyttävältä soitettuna vain kolmella kielellä, maestro osoitti kykenevänsä korjaamaan puuttuvan kielen soittamatta kertaakaan väärin. Lopputulos ei ollut samanlainen, mutta se oli silti hyvä – jotkut olivat jopa sitä mieltä, että se oli parempi kuin alkuperäinen. Kun hän lopetti soittamisen, yleisö osoitti hänelle suosiotaan seisaaltaan. Kun yleisö hiljeni, muusikko hymyili ja sanoi pehmeästi: "Toisinaan minusta tuntuu siltä, että muusikon tehtävä on selvittää, minkälaista musiikkia on mahdollista luoda sillä, mitä meillä on jäljellä."

Jos muusikko olisi keskittynyt omaan kokemukseensa, hän olisi varmastikin kokenut turhaantumista tästä takaiskusta – siitä että viulunkieli katkesi, sen lisäksi että hänen jalkansa olivat murtuneet. Mutta sen sijaan hän keskittyi siihen mitä oli oppinut ja siihen mitä hän saattoi yhä tehdä. Näin hän saattoi synnyttää jotakin vielä kauniimpaa kuin alkuperäinen teos, vaikka se olikin eittämättä vaikeaa.

Sanatana dharman[2] pyhien kirjoitusten mukaan, ollaksemme todella menestyneitä ihmisiä meidän tulee tehdä tietäjän tai tekijän olemus persoonallisuudessamme vallitsevaksi. Se mitä me tiedämme tai mitä teemme tekee meistä hyviä ja menestyneitä ihmisiä eikä niinkään se mitä koemme.

Kerran eräs nainen tuli Amman darshaniin sanoen: "Amma, minun kättäni särkee jatkuvasti ja se tekee elämästäni onnetonta."

Amma vastasi: "Minä ymmärrän, tyttäreni. Amman koko keho kokee jatkuvasti kipua."

Tälle naiselle Amman sanat merkitsivät oivallusta – hänen kätensä kipu oli tullut hänen elämänsä keskipisteeksi. Amma sen

---

[2] Sanatana Dharma on hindulaisuuden alkuperäinen nimi. Se tarkoittaa 'Ikuista elämäntapaa'.

sijaan koki paljon enemmän kipua, silti hän ei antanut sen estää omaa toimintaansa tai mielentilaansa millään tavoin.

Jos katsomme millä tavoin Amma elää elämäänsä, voimme havaita, että hän ei anna mitään merkitystä omalle kokemukselleen. Sen sijaan hän on täysin vakiintunut korkeimpaan tietoon ja antautunut kokonaan maailman palvelemiselle. Jopa nuorena tyttönä Amma ei halunnut koskaan olla toimeton. Tehdessään kaikki perheensä kotitaloustyöt hän ehti silti vierailla naapuritaloissa auttamassa heitä kaikin mahdollisin tavoin. Hän rukoili Jumalaa: 'Pyydän, anna minulle aina vain enemmän Sinun työtäsi. Älä anna nimessäsi tehtävän työn koskaan loppua.'

Amma elää edelleenkin tänä päivänä tämän filosofian mukaan. Kun darshan näyttää loppuvan aikaisin, Amma tekee kaiken voitavansa pitkittääkseen sitä, antaen enemmän aikaa kullekin ja laulaen jopa bhajaneita darshania antaessaan, pitäen toisinaan yhtä ihmistä olkapäätään vasten koko laulun ajan. Monet kiertueen henkilökunnasta, jotka ovat Amman mukana kansainvälisillä kiertueilla, näkevät kuinka lujasti hän työskentelee ilman ruokaa ja lepoa, niinpä he eivät halua lisätä hänen rasituksiaan menemällä itse darshaniin. Mutta tällaisina hetkinä Amma kutsuu jopa noin 150 hengen kiertueryhmän darshaniin.

Mitä minuun tulee, kun näen suuren väkijoukon odottavan Amman darshania, saatan ensimmäiseksi ajatella: 'Oi, tänään menee myöhään. En tule saamaan paljoakaan unta ennen aamuohjelmaa.' Kun väkijoukko on tarpeeksi suuri, en ajattele enää itseäni vaan olen huolissani Ammasta. Mutta Amma ei ole lainkaan huolissaan.

Vuoden 2006 Amman Pohjois-Intian kiertueella väkijoukot olivat toisinaan valtavia – joskus jopa satoja tuhansia ihmisiä. Nähdessään tällaisen väkijoukon ja ajatellessaan, että Amma halaisi heistä jokaisen, joilla vain olisi kärsivällisyyttä odottaa, saattoi vain tuntea pelkoa. Jos olisimme olleet hänen tilanteessaan, olisimme juosseet kiireen vilkkaa lavalta lähimpään autoon. Jos Amma antaisi merkitystä omalle kokijan persoonallisuudelle, hän olisi varmaankin reagoinut samalla tavoin. Mutta Amma ilmensi vain onnellisuutta nähdessään niin monia lapsiaan kokoontuneena paikan päälle. Kun Amma suunnittelee kiertueen aikataulua, hän ei koskaan varaa aikaa lepoa varten. Kaksi kuukautta kestäneen, rasittavan Pohjois-Amerikan kiertueen jälkeen swamit ehdottavat aina, että Amma lepäisi päivän tai kaksi jossakin ennen kuin hän palaa Intiaan ashramiin. Mutta Amma haluaa aina lähteä heti seuraavana päivänä sanoen, että hänen lapsensa odottavat häntä Intiassa. Tämä osoittaa jälleen, että hän ei anna minkäänlaista merkitystä omalle mukavuudelleen.

Amma ei tietenkään sano, että emme saisi nauttia mukavuuksista vaan että niiden tulisi perustua *dharmaan*.[3] Sen mitä haluamme itsellemme, ei tulisi olla vahingollista toisille. Me voimme ansaita omaisuutta ja täyttää halujamme, mutta oikeudenmukaisella tavalla. *Taittriya Upanishadit* (1.11.1) sanoo: "Älä laiminlyö hyvinvointiasi, äläkä jätä huolehtimatta omaisuudestasi." *Vedoissa* on erilaisia rituaaleja, jotka auttavat meitä toteuttamaan toiveemme, kunhan ne vain tehdään oikealla tavalla.[4] Pyhät kirjoitukset itse asiassa rohkaisevat meitä menestymään, ei lisätäksemme omaa omaisuuttamme vaan voidaksemme jakaa hyvinvointimme köyhien ja tarvitsevien kanssa.

Kun mukautamme persoonallisuutemme kokijan *dharmaan*, joudumme väistämättä harjoittamaan itsekuria ja luopumista, mikä puhdistaa mieltämme suuressa määrin. Tämä puolestaan saa aikaan sen, että kykenemme olemaan rauhallisia ja tyyniä kohdatessamme miellyttäviä ja epämiellyttäviä kokemuksia.

---

[3] *Dharma* tarkoittaa oikeudenmukaisuutta ja eettisyyttä (kääntäjän huomautus).
[4] *Vedat* jaetaan kahteen osaan, *karma-kandaan* (rituaaliosioon) ja *jnana-kandaan* (tieto-osioon). *Karma-kanda* pitää sisällään erilaisia rituaaleja, jotka auttavat meitä toteuttamaan toiveemme, ylläpitäen samalla kiinnostustamme henkisyyteen. *Jnana-kanda* keskittyy kokonaan Brahmania, korkeinta totuutta koskevaan tietoon.

Yhdysvaltain sisällissodan aikaan muutamia saarnamiehiä tuli pohjoisesta rohkaisemaan Abraham Lincolnia, joka kävi sotaa orjuuden poistamiseksi.

"Herra Presidentti, ettekö ajattele, että Jumala on meidän puolellamme?"

Lincoln vastasi: "Minua ei kiinnosta onko Jumala meidän puolellamme. Sen sijaan minua huolettaa se, että olenko minä Jumalan puolella."

Jumalan puolella oleminen tarkoittaa, että toimii *dharman* mukaisesti. Koska Amma on vakiintunut siihen tietoon, että hän on yhtä Brahmanin (Absoluutin) kanssa, hän pitäytyy aina *dharmassa*, jopa kaikkein vaikeimmissa tilanteissa. Vaikka ashram kärsi pahasti vuoden 2004 tsunamin takia, joutuen kohtaamaan taloudellisia ja aineellisia vahinkoja, Amman ensimmäinen huolenaihe ei ollut suinkaan ashram. Jos Ammaa ei olisi ollut, ashramilaiset olisivat saattaneet olla tyystin vahingon ja tuhon masentamia. He olisivat saattaneet reagoida, sen sijaan että olisivat toimineet vahinkojen korjaamiseksi. Mutta Amman toiminta oli välitöntä, spontaania ja täydellistä. Vaikka hän ei ole koskaan saanut minkäänlaista koulutusta onnettomuuksien ja kriisien hallinnoimisesta, Amma osoitti olevansa tämän alueen mestari. Heti kun vesi syöksyi ashramiin, hänen ensimmäinen toimenpiteensä oli auttaa kyläläiset turvaan mantereelle.[5] Sen jälkeen hän suuntasi huomionsa oppilaisiinsa, sitten ashramin vakituisiin asukkaisiin, sen jälkeen ashramissa asuviin eläimiin ja kaikkein viimeisimpänä itseensä. Sen sijaan, että Amma olisi vetäytynyt turvalliseen paikkaan, hän oli viimeinen joka lähti tuhoalueelta, varmistaen ensin, että kaikki oli kuljetettu turvallisesti mantereelle.

Jos joudumme onnettomuuteen, kiinnitämme suurimman huomiomme siihen osaan kehoamme, joka on vahingoittunut

---

[5] Ashram sijaitsee kapealla niemellä Kayankulamin takavesien ja Arabian meren välissä.

eniten. Samalla tavoin Amma, joka näkee itsensä tasapuolisesti kaikissa olennoissa, huolehtii ensin heistä, jotka ovat kärsineet suurimman menetyksen. Ja vaikka Amma kyynelehti monia kertoja tulevien päivien aikana, hän ei surrut ashramin kärsimiä vahinkoja vaan jakaakseen kyläläisten tuskaa ja kärsimystä, joihin tragedia oli iskenyt pahasti. Pyhät kirjoitukset sanovat: 'Kun autat muita, autat itse asiassa itseäsi.' Kun persoonallisuutemme tietäjän olemuspuoli on täysin kehittynyt, kykenemme selkeästi oivaltamaan tämän totuuden – sama Itse on läsnä jokaisessa ja kaikissa luomakunnassa, jolloin toimintamme hyödyttää koko maailmaa.

Aluksi saattaa olla vaikeaa nähdä oma Itsemme kaikissa ihmisissä. Mutta jos ajattelemme jokaista ihmistä Amman lapsena tai Jumalan lapsena, on helppo nähdä kaikki ihmiset veljinämme ja sisarinamme koko maailman perheessä. Amma sanoo: "Lastenhoitajalle saattaa on raskasta huolehtia lapsesta, mutta äidille se on ilo."

Jos voimme omaksua tämän asenteen ja nähdä jokaisen omanamme, meidän jokainen tekomme tulee olemaan hyödyllinen ja voimme tuoda valoa toisten elämään. Eivätkä ainoastaan toiset hyödy, Amma näet sanoo: "Kun annamme toisille kukkia lahjaksi, saamme itse nauttia niiden tuoksusta ensimmäisinä."

Samalla tavoin, kun uhraamme oman mukavuutemme lahjoittaaksemme toisille onnea, saamme kokea paljon syvemmän onnentunteen ja rauhan kuin mitä olisimme kokeneet, jos olisimme toteuttaneet omia itsekkäitä halujamme. Tämä ei ole mikään latteus, sillä tämän taustalla toimii syvällinen henkisen tieteen periaate. Tällaiset teot lisäävät meidän henkistä puhtauttamme, joka puolestaan mahdollistaa sen, että Itseen kätkeytyvä autuus pääsee paremmin heijastumaan meidän mieleemme.

LUKU 4

Itseen keskittyminen

Yasya brahmani ramate cittam
Nandati nandati nandatyeva

Ken keskittää mielensä Brahmaniin (Korkeimpaan Tietoisuuteen),hän on autuaallinen, autuaallinen, yksistään autuaallinen.

– Bhaja Govindam, jae 19

Tarina kertoo *mahatmasta*, jolle hänen oppilaansa antoivat erittäin arvokkaan smaragdin. Sana levisi pian, että tämä mahatma oli saanut kaikkein tavoitelluimman jalokiven, ja ennen pitkää kyläläiset lähestyivät mahatmaa ja pyysivät häntä auttamaan taloudellisten vaikeuksiensa ratkaisemisessa. Kyläläisten hämmästykseksi mahatma ojensi hetkeäkään epäröimättä heille tämän arvokkaan smaragdin. Kyläläiset menivät kotiinsa suuresti iloiten. Samat kyläläiset palasivat kuitenkin mahatman luokse heti seuraavana päivänä pettyneen ja uupuneen näköisinä. Kumarrettuaan mahatmalle kyläläiset ojensivat arvokkaan jalokiven hänelle takaisin.

"Mikä on ongelmanne?" mahatma kysyi.

"En kyennyt nukkumaan viime yönä silmänräpäystäkään", kyläläinen selitti. "Aloin ajatella, että jos mahatma on valmis antamaan näin arvokkaan jalokiven hetkeäkään epäröimättä, hänellä täytyy olla jotakin vielä arvokkaampaa." Ja hän jatkoi sanoen: "Oi suurisieluinen, ole hyvä ja anna minulle se aarre, joka salli sinun antaa tämän jalokiven niin helposti."

"Oletko sinä todella kiinnostunut?" mahatma kysyi. "Oletko valmis maksamaan minkä tahansa hinnan saadaksesi tämän aarteen?"

Kyläläinen vastasi nyt myöntävästi, jolloin mahatma hyväksyi hänet opetuslapsekseen ja ryhtyi opettamaan hänelle henkisiä totuuksia.

Jos olemme todella kiinnostuneita korvaamattoman arvokkaasta henkisestä tiedosta, Amma on valmis antamaan sen meille. Valitettavasti suurin osa meistä ei ole sitoutunut löytämään tätä salattua aarretta. Sen sijaan keskitymme hankkimaan itsellemme halpaa rihkamaa, jota on saatavilla ympäröivästä maailmasta. Amma selventää tätä esimerkillä lapsesta, joka saa valita kulhollisen suklaata tai kulhollisen kultakolikoita. Lapsi valitsee aina suklaan, sillä hän ei tiedä, että hän voisi ostaa kultakolikoilla minkä tahansa määrän suklaata ja paljon muuta.

Pyhissä hindu-kirjoituksissa on sanonta: "Hän, joka luopuu Ikuisen etsimisestä tavoitellessaan väliaikaista, menettää Ikuisen, eikä väliaikainenkaan jää hänen luokseen." Jos käytämme kaiken aikamme tavoitellen itsellemme kuuluisuutta ja omaisuutta, menetämme mahdollisuuden oivaltaa Todellisen Itsemme. Ja lopulta kaikki se mitä olemme saavuttaneet tämän elämän aikana – omaisuutemme ja rakkaamme – lähtevät luotamme. Tämän suhteen meillä ei ole valinnanmahdollisuutta. Ainoa valintamme on siinä, että käytämmekö oman elämämme oivaltaaksemme todellisen olemuksemme.

Joitakin aikoja sitten lehtimies kysyi Ammalta: "Sinä olet päässyt elämässäsi pitkälle. Tuntemattoman kylän tuntemattomasta tytöstä on kasvanut yksi kansainvälisesti kaikkein kunnioitetuimpia henkisiä johtajia ja hyväntekijöistä maailmassa. Miltä sinusta tuntuu, kun katsot elämääsi taaksepäin?"

Amma vastasi: "En koskaan katso taaksepäin, katson aina Itseä." Tämä ei tarkoita sitä, että Amma katsoisi kirjaimellisesti itseään peilistä vaan että hän ei kadu mennyttä eikä ole huolissaan siitä mitä tulevaisuus tuo tullessaan, sillä hän keskittyy alati korkeimpaan tietoisuuteen, joka tunnetaan myös Atmanina tai Itsenä tai meidän todellisena olemuksenamme.

Kun me keskitymme ulkoiseen maailmaan, kaikki ne muutokset, joita tapahtuu maailmassa vaikuttavat meihin. Kaikki ulkoisessa maailmassa oleva muuttuu ja tuhoutuu. Kun menetämme jonkun tai jotakin tai jokin muuttuu tai tuhoutuu, koemme vihaa, surua, turhautumista ja muita kielteisiä tunteita. Toisaalta meidän Todellinen Itsemme on muuttumaton. Se on kaikkialla läsnäoleva, kaikkivoipa ja kaikkitietävä. Kun keskitämme mielemme korkeimpaan Itseen, olemme täydellisen tyytyväisiä ja saamme kokea autuutta.

Riippumatta ulkoisista olosuhteista Amma on aina tyyni ja häiriintymätön. Suurin osa meistä on melko tyytyväisiä niin kauan kuin asiat etenevät meidän toivomallamme tavalla. Mutta heti kun joudumme kohtaamaan esteitä, menetämme mielenrauhan. Ottaaksemme yksinkertaisen esimerkin, minkälainen onkaan mielentilamme, kun saavumme lentokentälle ja saamme tietää, että lentomme tulee myöhästymään. Vaikka meillä ei olisi mitään kiireellistä odottamassa, meistä tulee kauhean levottomia, emme kykene keskittymään edes CNN:ään. Menemme lippuluukulle viiden tai kymmenen minuutin välein ja välillä kävelemme edestakaisin, soitamme perheellemme ja jaamme tilannetta kanssamatkustajien kanssa.

Sain kuulla seuraavan tarinan. Kerran kun lentoa oli siirretty useita kertoja, odotustilassa olevat matkustajat olivat väsyneitä ja

huonotuulisia. Lentoyhtiön henkilökunta pyrki ylläpitämään hyvää mieltä ja kun lento oli lopulta valmis lähtöön, yhden työntekijän tunteet ilmenivät hänen tavastaan kuuluttaa: "Koneeseen saavat nousta ensimmäisenä yksin matkustavat lapset, vanhemmat pienten lasten kanssa ja aikuiset, jotka käyttäytyvät kuin lapset."
Amma suhtautuu tällaiseen tilanteeseen aivan toisella tavalla. Vuoden 2006 Pohjois-Amerikan kiertueella Amman lentoja siirrettiin useita kertoja. Sen sijaan, että Amma olisi valittanut ja kohottanut kätensä epätoivoissaan, hän oli hyvin rauhallinen ja tyyni. Hän käytti ajan harjoitellen muutamia bhajaneita, tiedustellen mukanaan matkustavien oppilaittensa terveydentilaa, jakaen henkistä tietoa opetuslapsilleen ja muistellen humoristisia tapahtumia, joita oli tapahtunut darshanin aikana. Tällaisten tilanteitten aikana Ammaa ei häiritse millään tavoin ulkoiset olosuhteet, kuten lennon myöhästyminen. Ja hänen mukanaan matkustaneet oppilaat olivat itse asiassa siitä kiitollisia. Erään kerran lento myöhästyi kaksi tuntia. Eräät oppilaat, joiden lento lähti aikaisemmin, eivät tahtoneet lähteä Amman seurasta lentokentältä, niinpä he olivat epätoivoissaan. Yksi nainen rukoili syvästi, että hänenkin lentonsa myöhästyisi. Kun hän seuraavan kerran tarkisti lentonsa monitorista, hän huomasi, että myös hänen lentonsa oli myöhässä määrittelemättömän ajan. Nähtyään tämän hän alkoi hyppiä ilosta ja juoksi Amman luo kertomaan hänelle suuret uutiset ja kiittämään häntä siunauksesta.

Jos Amma ei olisi ollut siellä, nuo samat ihmiset olisivat varmastikin olleet levottomia ja häiriintyneessä mielentilassa niin kuin muutkin samalla myöhästyneellä lennolla olevat. He olisivat jopa saattaneet vaatia korvausta lentoyhtiöltä, mutta koska he olivat Amman seurassa, siitä muodostui heille autuaallinen kokemus.

On tietenkin olemassa äärimmäisiä esimerkkejä siitä, miten Amma ja hänen seurueensa ovat joutuneet kohtamaan vakavia vastoinkäymisiä. Mutta voimme havaita, että olipa kyseessä sitten kuinka vakava vaikeus tahansa, Amma ei joudu koskaan levottomuuden tai pelon valtaan. Kuusitoista vuotta sitten, elokuussa 1990, jolloin Amma vieraili Moskovassa, hän piti ensimmäisen iltaohjelmansa aikataulun mukaisesti melko karussa hallissa. Kirjakauppa pystytettiin niin kuin tavallisestikin, mutta kun Amma näki paikalle kerääntyneitten ihmisten äärimmäisen köyhyyden, hän kehotti jakamaan kaiken kirjakaupasta ilmaiseksi ohjelman osanottajille.

Jossakin vaiheessa seuraavan aamun darshania meille selvisi, että tankit vyöryivät kaduilla. Kun palasimme sen oppilaan talolle, missä Amma yöpyi, meille selvisi, että oli tapahtunut vallankaappaus ja että Gorbatshov oli kotiarestissa ja lentokenttä sekä päätiet olivat suljettu. Hallitus oli asettanut tankkeja risteyksiin ja niitä oli laaja rinki Kremlin ulkopuolella valmiina kohtaamaan mahdolliset haastajat.

Aluksi moni meistä, jotka matkustimme Amman kanssa, oli huolissaan. Myös ne venäläiset oppilaat, jotka olivat talolla, tulivat itkien Amman luo, koska he olivat peloissaan, että alkaisi sisällissota. Mutta Amma oli rauhallinen. Hän sanoi paikallisille oppilaille ja meille, jotka matkustimme hänen kanssaan, että ei ollut syytä olla huolissaan, että kaikki tulisi menemään hyvin.

Pian ilmeni, että se mitä Amma oli sanonut, piti paikkansa. Lentokenttä avattiin seuraavana päivänä ja vain muutamia ihmisiä oli loukkaantunut vallankumouksessa, joka merkitsi sitä että kommunismi oli kaatunut melko rauhallisella tavalla. Yksi Amman venäläisistä oppilaista sanoi myöhemmin: "Amman tulo oli vertauskuva Venäjän avautumiselle ja parantumiselle. Hänen läsnäolonsa Venäjällä antoi ihmisten puhdistaa sydäntään, uskoa itseensä ja puolustaa totuutta."

Tuona iltana oppilaat ilmoittivat Ammalle, että ei olisi mahdollista pitää julkista ohjelmaa suunnitelman mukaisesti. Vaikka naapuritalojen ovet ja ikkunat olivat tiukasti suljettu asukkaiden piiloutuessa ja pelätessä henkensä tähden, Amma kehotti isäntäänsä avaamaan kotinsa ovet niin, että kuka hyvänsä, joka tahtoi tavata Amman, saisi siihen mahdollisuuden. Seuraavan päivän ohjelma pidettiin epävirallisena isäntäväen takapihalla. Tuona päivänä monet venäläiset tulivat hakemaan Ammalta lohdutusta, ohjausta ja mantravihkimystä. Vaikka tankit partioivatkin kaduilla, Amman läheisyydessä tilanne ei tuntunut niin vaaralliselta.

Koska Amma ei ollut pelon eikä surun vallassa, hän kykeni opastamaan venäläisiä oppilaitaan ja toimimaan heille turvapaikkana hetkellä, joka olisi muuten saattanut olla yksi heidän pimeimpiä ajanjaksojaan. Tällaisen kuohunnankin keskellä Amma oli rauhallinen ja tyytyväinen, pitäytyen muuttumattoman Itsen rauhassa.

Voimme paremmin ymmärtää mitä Itseen keskittyminen tarkoittaa, kun ajattelemme elokuvan katsomista vertauskuvallisesti. Katsottuamme elokuvan voimme tuntea itsemme ylevöityneiksi, surullisiksi, pitkästyneiksi, energisiksi tai innostuneiksi riippuen elokuvan tapahtumista. Todellisuudessa emme ole tehneet mitään. Kaikki toiminta tapahtui elokuvassa. Mielentilamme ei muuttunut sen takia, että olisimme tehneet jotakin vaan koska samastuimme elokuvan henkilöhahmojen toimintaan. Samalla tavoin meidän todelliseen Itseemme ei vaikuta mikään mitä tapahtuu ulkoisessa maailmassa. Se vain todistaa sitä mitä tapahtuu. Todellisuudessa me emme toimi. Meidän Todellinen Itsemme on kuin elokuvakangas, eikä elokuvan henkilöhahmot. Mutta koska olemme samastuneet kehoon, mieleen ja älyyn, ilahdumme menestyksen hetkellä ja masennumme epäonnistuessamme.

Jos haluamme, että elokuva ei vaikuta meihin, meidän tulee samastua – tai suunnata huomiomme – valkokankaaseen. Samalla tavoin jos opimme samastumaan Atmaniin (Itseen) kehon, mielen ja älyn sijasta, kykenemme nousemaan elämän ylä- ja alamäkien yläpuolelle. Tässä huomion siirtämisessä siitä mikä ilmenee, siihen mikä on todellista, väliaikaisesta ikuiseen, on sisäisen rauhan salaisuus. Tässä ilmenee henkisten mestareiden ja meidän välinen ero – mihin hyvänsä mestari suuntaakaan katseensa, hän näkee vain Korkeimman Tietoisuuden tai oman todellisen Itsensä, joka on näkymätön, täydellinen ja kokonainen.

Kukaan ei tietenkään kiistä sitä, että ei ole niin helppoa keskittyä Atmaniin (Itseen), joka on kaikkien ominaisuuksien tuolla puolen. Amman opetuslapset kokevat, että on usein helpompaa keskittyä Ammaan ja niihin arvokkaisiin muistoihin, joita hän synnyttää meille ollessaan tekemisissä oppilaidensa kanssa. Koska Amma on täydellisesti samastunut Atmaniin, Ammaan keskittyminen on sama kuin keskittyisi Itseen tai Jumalaan. Silta Jumal-tietoisuuteen on yksi Amman suurimmista lahjoista lapsilleen.

Atmaniin (Itseen) keskittyminen ei tarkoita vain sitä, että istumme nurkassa silmät suljettuina. Tsunamin jälkeen Amma jopa kielsi brahmachareja istumasta meditoimassa, kun he saattoivat sen sijaan auttaa kyläläisiä raivaamalla raunioita ja rakentaa myöhemmin taloja tsunamin uhreille. Amma sanoo: "Todellinen meditaatio tarkoittaa sitä, että näkee Jumalan tai todellisen Itsen kaikkialla luomakunnassa."

53

LUKU 5

Olemassaolo, tietoisuus, autuus

Heti kun oivallat Jumalan, vakiinnut korkeimpaan autuuteen ikuisesti.

— Amma

Lehtimies meni haastattelemaan erästä miestä hänen täyttäessään 100 vuotta. Esitettyään muutamia kysymyksiä koskien hänen pitkäikäisyytensä salaisuuksia, lehtimies otti vanhaa miestä kädestä kiinni ja sanoi: "Toivon, että saan mahdollisuuden toivottaa teille hyvää syntymäpäivää myös ensi vuonna."

Sata vuotias vastasi: "Miksi et saisi – sinä näytät terveeltä kuin hevonen!" Riippumatta korkeasta iästään vanha mies ei halunnut ajatella sitä mahdollisuutta, että hän kuolisi jonakin päivänä.

Riippumatta kulttuurista, sukupuolesta, yhteiskunnallisesta asemasta ja muista pinnallisista eroavaisuuksista, me ihmiset etsimme lähinnä kolmea asiaa elämäämme. Haluamme, että meidän elämämme olisi mahdollisimman pitkä – jotkut meistä etsivät jopa tapoja miten petkuttaa kuolemaa. Egyptin faaraot näkivät paljon vaivaa sen eteen, että heidän ruumiinsa olivat huolella varjeltuja ja että heillä oli paljon ruokaa ja jopa eläviä palvelijoita seuranaan kuoleman jälkeistä elämää varten. Tänä päivänä on olemassa ihmisiä, jotka joutuessaan kohtaamaan edessä olevan kuolemansa, haluavat että heidän kehonsa jäädytetään siinä toivossa, että heidät voidaan sulattaa siinä vaiheessa, kun tulevaisuuden tiedemiehet ovat löytäneet parannuskeinon heidän sairauteensa ja tekniikan heidän kehonsa elävöittämiseen. Sen lisäksi me kaikki haluamme lisätä tietomääräämme. Tämä tarkoittaa sitä, että haluamme tietää enemmän asioista, ihmisistä ja paikoista. Kaikki eivät tietenkään halua itselleen tohtorin arvonimeä, mutta myös he jotka eivät halua hankkia itselleen korkeampaa koulutusta, etsivät tapoja tietää enemmän maailmasta joko matkustamalla, televisiota katsomalla, googlaamalla tai juoruamalla naapurin kanssa.

Ennen kaikkea haluamme onnellisuutta. Haluamme olla iloisia kaiken aikaa. Tämä sisällämme oleva halu on kaikkien päivittäisten toimiemme taustalla, kaikkein maallisimmasta toiminnasta kaikkein kunnianhimoisimpaan. Vasta kun ihminen on vakuuttunut siitä, että hän ei kykene saavuttamaan onnellisuutta, aikainen poislähtö alkaa tuntua siedettävältä tai jopa houkuttelevalta.

Näiden elämän kolmen peruspäämäärän – pitkäikäisyyden, tiedon ja onnellisuuden – suhteen meillä on monenlaisia toiveita ja odotuksia, ei ainoastaan itsemme suhteen vaan myös läheistemme suhteen. Kun asiat eivät mene odotuksiemme mukaisesti, joudumme väistämättä kokemaan surua. Ajan myötä opimme, että emme voi hallita ihmisiä, paikkoja ja asioita, emmekä kykene aikaansaamaan toiveittemme ja halujemme mukaista lopputulosta.

Olemme kaikki tietoisia niistä monista katastrofeista, joita on tapahtunut viime vuosien aikana. Amma on sanonut usein: "Älä ole huolissasi – elämä on kuin tsunami."

Tämä toteamus saattaa kuulostaa kyyniseltä tai pessimistiseltä, mutta kyse on itse asiassa todellisuudentajusta. Amma tarkoittaa, että meidän ei tule kantaa huolta siitä menetämmekö kaiken mikä on meille rakasta, sillä tosiasiassa näin tapahtuu varmuudella. Sen sijaan, että pelkäisimme todellisuutta, jota emme voi paeta, voimme hyväksyä sen osaksi luonnollista järjestystä ja välttää suuren osan tarpeettomasta kärsimyksestä. Maailma on itse asiassa jatkuvassa muutoksessa, mikään ei pysy hetkeäkään samana. Vuosi vaihtuu eri vuodenajoiksi, ihmisen keho käy läpi lapsuuden, nuoruuden, aikuisuuden ja vanhuuden. Ilman jatkuvaa huolenpitoa tien pinta murtuu, jolloin siemenet ja ruohot alkavat itää siinä. Pitkän ajan kuluessa jopa vuoret muuttuvat pölyksi.

Amma sanoo sanoittamassaan *Ananda Veethi*-laulussa, joka kuvaa hänen kokemustaan Jumal-oivalluksesta: "Voidaksemme poistaa ihmiskunnan kärsimyksen, kuinka monta totuutta tuleekaan oivaltaa!"

Väistämätön tosiasia näet on, että kaiken jatkuva muuttuminen ja katoaminen on ilmeistä kaikkialla maailmassa, mutta silti suurin osa ihmisistä ei halua kohdata tätä tosiasiaa vaan he jättävät sen jääräpäisesti huomioimatta niin kuin seinällä olevan kirjoituksen. Vaikka tunnemmekin hyvin vanhan sanonnan, 'Et voi ottaa sitä mukaasi lähtiessäsi täältä', haalimme siitä huolimatta itsellemme niin paljon rahaa ja omaisuutta kuin mahdollista, aina kuolemaamme asti.

Amma kertoo meille seuravanlaisen tarinan. Parantumattomasti sairaat potilaat viettivät hoivakodissa viimeisiä päiviään. Vaistotessaan, että jonkun loppu alkoi olla käsillä, sairaanhoitaja päätti vetää heille yhteisten rukoushetken. Hän kehotti heitä rukoilemaan kädet yhteen liitettyinä: "Rakas Jumala, anna minulle anteeksi syntini. Ota vastaan sieluni ja pidä minua sylissäsi."

Yksi potilaista ei liittänyt käsiään yhteen rukouksen aikana vaan piti niitä tiukasti nyrkissä. Ennen kuin rukous oli ohi, tämä mies lysähti kasaan ja henkäisi viimeisen kerran. Kun hän kuoli, hänen nyrkkinsä avautuivat hitaasti, jolloin paljastui että hänen nyrkkinsä sisällä oli kolme kolikkoa. Hän oli ollut kerjäläinen, eikä osallistunut rukoukseen, koska pelkäsi, että jos hän avaa nyrkkinsä, hän menettää kolikkonsa.

Siinä ei tietenkään ole mitään väärää, että ansaitsemme rahaa ja varmistamme sillä tavoin tulevaisuutemme, mutta tämän päivän maailmassa näemme, että monet ihmiset ovat varmistaneet, että heillä on tarpeeksi rahaa ei vain omaa tulevaisuuttaan vaan useita seuraaviakin sukupolvia varten. Amma sanoo, että jos tällaiset ihmiset voisivat kokea omassa sydämessään, että heidän tulee jakaa hyvä onnensa niiden kanssa, jotka elävät puutteen keskellä, nälänhätä ja köyhyys voitaisiin poistaa maan päältä.

Ymmärrys kaiken ulkomaailmassa olevan pysymättömyydestä saa meidät lopulta katsomaan sisällemme. Kun oivallamme, että ikuinen elämä, ääretön tieto ja päättymätön onni päämäärinämme eivät ole saavutettavissa ulkoisesta maailmasta, näkemyksemme alkaa muuttua ja alamme etsiä näitä sisältämme. *Sanatana dharman* (hindulaisuuden) pyhät kirjoitukset sanovat, että meidän Todellinen Itsemme on *sat-chit-ānanda* eli olemassaolo, tietoisuus ja autuus. Niinpä *Atman* (Itse) on tosiasiassa se päämäärä, jota kaikki olennot etsivät, kyse on vain siitä tapahtuuko tämä etsiminen suoraan vai epäsuorasti.

Tämä Itsen kuvaus ei ole mielivaltainen eikä kyse ole sokeasta uskosta. Intian menneisyyden pyhimykset katsoivat sisälleen ja oivalsivat oman todellisen olemuksensa. He puhuivat omasta suorasta kokemuksestaan ja heidän kuvauksensa voidaan havaita jopa meidän omasta rajoittuneesta tietoisuudestamme. Tarkastelkaamme näitä kaikkia kolmea Itsen olemuspuolta.

Ensinnäkin me tiedämme, että me olemme tässä nyt, että olemme olemassa. Saatamme kieltää Jumalan olemassaolon, mutta kukaan ei kiellä omaan olemassaoloaan. Mitään ei voi tulla tyhjyydestä. Pöytä on tällä hetkellä pöytä, mutta ennen sitä se oli puu ja ennen sitä se oli siemen. Ja siemen taas tuli toisesta puusta. Jos jatkamme tällä tavoin tutkien luonnon elementtejä, meidän on lopulta hyväksyttävä, että olemassaolo on kaiken perusta, vain nimet ja muodot muuttuvat. Niinpä voimme havaita, että *sat* (olemassaolo) on kiistattomasti yksi osa Korkeinta Itseä. Toinen Itsen olemuspuoli on *chit* (tietoisuus tai tieto). Tietoisuus mahdollistaa sen, että olemme tietoisia omasta olemassaolostamme ja luomakunnasta. Kuinka tiedämme, että olemme tietoisuus? Kun vaivumme syvään uneen, me käytännöllisesti katsoen katoamme, kuolemme maailmalle. Emme ole tietoisia siitä, että meillä on keho. Emme muista mitään, meillä ei ole haluja emmekä koe mitään. Mutta kun heräämme sanomme: "Ah, nukuinpa hyvin!"

Mistä tiedämme, että olemme nukkuneet hyvin? Se johtuu siitä, että kun kehomme, mielemme ja älymme ovat unessa, tietoisuutemme jatkuu. Itse asiassa puhdas tietoisuus on ainoa tekijä, joka jatkuu hereillä, unessa ja syvässä unessa. Hereillä ollessa ja unessa tietoisuutemme on tietoinen kohteista – nimistä ja muodoista, kun taas syvässä unessa tietoisuutemme on tietoinen niiden poissaolosta.

Itsen kolmas olemuspuoli on *ānanda* eli autuus. Kun mahdollisuus tarjoutuu, suurin osa ihmisistä haluaa nukkua mahdollisimman pitkään. Syvässä unessa mieli ei toimi, jolloin saamme kokea autuutta. Tämä viittaa siihen, että kun todellisen olemuksemme pinnalle ei heijasteta mitään, saamme kokea autuutta ja iloa. Aivan kuin tyyni järven pinta heijastaa kirkkaasti kuun, samalla tavoin kun mielestämme tulee hiljainen ja tyyni, meidän ajatuksemme ja halumme haihtuvat pois ja koemme itsemme luonnollisella tavalla autuaallisiksi.

Brihadaranyaka Upanishadissa sanotaan:

na vā are patyuḥ kāmāya patiḥ prijo bhavati
ātmanastu kāmaya pati priyo bhavati

Vaimo rakastaa aviomiestään, ei miehen takia vaan itsensä takia (ja päinvastoin).

(2.4.5.)

Tämä saattaa vaikuttaa ankaralta näkemykseltä, mutta jos tutkimme asiaa tarkasti, näkemyksen totuudellisuus paljastuu meille. Jokainen julistaa kuolematonta rakkautta perhettään kohtaan, mutta mitä tapahtuu, kun perheenjäsen pettää meidät? Mies eroaa vaimostaan, sisar vieraantuu veljestään eikä äiti enää tunnusta poikaansa. Jos todella rakastaisimme sukulaisiamme, jatkaisimme rakkauden ilmaisemista heille vaikka he kohtelisivatkin meitä huonosti eivätkä antaisi meille enää onnea.

Toisinaan, kun nuori mies tai nainen muuttaa ashramiin, heidän vanhempansa masentuvat, koska he ovat elätelleet toivetta siitä, että heidän lapsensa huolehtisivat heistä heidän vanhuudessaan ja että he saisivat lapsenlapsia. Joitakin vuosia sitten erään nuoren miehen vanhemmat, joiden pojasta oli tullut ashramin asukas, tulivat ashramiin silloin kun Amma ei ollut siellä ja järjestivät melkoisen kohtauksen. Lopulta vanhemmat julistivat suureen ääneen, että he aloittaisivat nälkälakon eivätkä söisi mitään niin kauan, kunnes heidän poikansa suostuisi palaamaan kotiin ja menemään naimisiin sen tytön kanssa, jonka he olivat valinneet hänelle. Tämä sitoi nuoren miehen kädet, sillä hän oli syvästi huolissaan vanhempiensa hyvinvoinnista. Samaan aikaan hän koki, että palvelulle ja henkisille harjoituksille omistettu elämä oli hänen kutsumuksensa. Hän ratkaisi tilanteen ryhtyen myös paastoon, kertomatta heille päätöksestään. Niin pitkään kun he eivät söisi, hänkään ei söisi. Kun kahden päivän kuluttua kävi ilmi, että nuori mies ei muuttaisi päätöstään, vanhemmat söivät kunnollisen aamiaisen ja lähtivät seuraavalla junalla kotiin. Myöhemmin poika vieraili vanhempiensa luona ja teki parhaansa lohduttaakseen heitä ja selitti heille oman näkemyksensä ennen kuin hän palasi takaisin ashramiin.

Jos joku ihminen tai esine ei lahjoita meille onnea, emme ole kiinnostuneita siitä, saatikka että rakastaisimme tuota ihmistä tai esinettä. Tämä osoittaa sen, että rakastamme vain sitä, mikä tuottaa meille onnea.

Eräs mies valitti terveysviranomaisille veljistään. "Minulla on kuusi veljeä", hän sanoi. "Asumme kaikki samassa huoneessa. Heillä on liian monta lemmikkiä – yhdellä heistä on seitsemän apinaa ja toisella on seitsemän koiraa. Se on kauheaa – huoneessa ei ole lainkaan ilmaa. Teidän täytyy tehdä jotakin."

"Eikö huoneessa ole ikkunoita?" terveysviranomainen tiedusteli. "On siellä", mies vastasi.

"Miksi et avaisi niitä?" viranomainen ehdotti. "Mitä!" mies huusi niin kuin se olisi mitä julkein ehdotus. "Ja menettäisin kaikki kyyhkyseni."

Aivan niin kuin tarinan mies, me näemme helpommin toisten viat kuin omamme – rakastamme itseämme ehdoitta ja täydellisesti. Siitä seuraa, että meidän Itsemme täytyy olla ehtoja asettamattoman ja täydellisen onnen lähde. Jopa ne jotka vihaavat itseään tai joilla on itsemurha-ajatuksia eivät tosiasiassa vihaa itseään, he vain eivät pidä olosuhteista, joissa elävät tai omasta mielentilastaan. Jos heidän ongelmansa ratkeaisivat yhtäkkiä tai heidän mielensä rauhoittuisi, he haluaisivat jatkaa elämäänsä. Itse asiassa pyhät kirjoitukset kertovat meille, että Itse ei ole vain yksi onnen lähteistä vaan kaiken onnen lähde. Jopa silloinkin kun koemme, että jokin ulkopuolellamme oleva antaa meille onnentunteen, kyse on siitä, että olemme saaneet halumme toteutettua, ja silloin mielemme on suhteellisen rauhallinen. Aivan kuin tyyni vedenpinta heijastaa selkeästi kuun kuvajaisen, samalla tavoin, mitä hiljaisemmaksi mielemme tulee, sitä selkeämmin se heijastaa sisällämme olevaa Itsen autuutta.

Yleensä etsimme sitä mikä tekee meistä nopeasti onnellisia. Mutta niin kuin sanonta kuuluu: 'Hetkelliset voitot aiheuttavat kuitenkin pitkällä tähtäimellä tappioita. Olemme pyrkineet menneisyydessämme rikastamaan elämäämme monilla arvokkailla asioilla, mutta ne eivät ole antaneet meille pysyvää onnea tai rauhaa. Jos olisivat, emme olisi enää etsineet, etkä sinä lukisi tätä kirjaa.

Olemme saaneet kokemuksia monien vuosien aikana ihmissuhteista, saavutuksista, omaisuudesta, asuinpaikoista tai lomamatkoista etsien näin tyytyväisyyttä ulkoisesta maailmasta. Yhden kokemuksen pitäisi riittää siihen, että voimme analysoida tilanteen oikealla tavalla. Jos keitämme riisiä, riittää että maistamme yhtä riisinjyvää saadaksemme tietää onko riisi kypsää. Ei ole tarpeen maistaa kattilassa olevaa jokaista riisinjyvää.

Tarina kertoo kahdesta sotilaasta, jotka jäivät sota-aikana kiinni sotavangeiksi. Ensimmäinen heistä sopeutui kiinnijäämiseensä ja hyväksyi kohtalonsa eläen vihollisen orjana. Toinen heistä tutkaili jatkuvasti erilaisia pakomahdollisuuksia, jopa silloinkin kun hän joutui työskentelemään vankina ollessaan.

Aivan niin kuin nämä tarinan vangit, meillä on mahdollisuus valita. Suurin osa ihmisistä on kuin ensimmäinen vanki, tyydymme niihin hetkellisiin onnentunteisiin, joita voimme saada ulkomaailmasta, jolloin olemme omien mieltymystemme ja vastenmielisyyksiemme, halujemme ja pelkojemme vankeja. Meidän tulisi sen sijaan olla niin kuin toinen vanki. Meidän tulisi suunnata huomiomme sisäänpäin pyrkien murtautumaan vapaaksi niistä kiintymyksen ja vastenmielisyyden tunteista, joita tunnemme maailman ihmisiä ja asioita kohtaan. Kun päätämme tietoisesti suunnata huomiomme sisäänpäin, tulemme huomaamaan, että kolme päämääräämme – ikuinen elämä, ääretön tieto ja päättymätön onni – ovat aina olleet sisällämme, todellisessa Itsessämme.

LUKU 6

"Mieli, ole hyvä ja muutu!"

Jos ne ovet, joiden kautta teemme havaintomme, puhdistuvat, kaikki näyttäytyy silloin ihmiselle sellaisena kuin se on – äärettömyytenä.

– William Blake

Eräs oppilas lähetti minulle joitakin aikoja sitten tällaisen tarinan. Se on kirjoitettu vitsin muotoon, mutta kyse on itse asiassa melko hyvästä ohjeesta.

Alku oli melko viaton. Aluksi ajattelin juhlissa aina silloin tällöin, lähinnä rentoutuakseni. Vääjäämättä yksi ajatus johti toiseen ja pian olin enemmänkin sosiaalinen ajattelija. Ajattelin jopa silloin kun olin yksinäni. Ajattelemisesta tuli minulle yhä tärkeämpää ja lopulta ajattelin kaiken aikaa. En kyennyt hillitsemään itseäni – aloin ajatella työpaikallanikin. Pian sain työpaikallani maineen raskaana ajattelijana. Eräänä päivän pomoni kutsui minut luokseen ja sanoi: "Pidän sinusta ja niinpä minuun sattuu, kun joudun sanomaan tämän, mutta sinun ajattelustasi on tullut todellinen ongelma. Jos et voi lopettaa ajattelemista töissä ollessasi, joudumme irtisanomaan sinut."

Tämä antoi minulle paljon ajattelemisen aihetta. Kun menin lääkärin tarkastukseen, hän sanoi, että raskaat ajatukseni saivat verenpaineeni kohoamaan ja että jos jatkaisin samaan

*tapaan, minulla ei olisi edessäni pitkää elinikää. Tänä päivänä
olen toipuva ajattelija. Elämä on niin paljon rauhallisempaa,
kun olen lopettanut ajattelemisen!*

Kuvittelepa apinaa, joka on selvin päinkin melkoinen kiusan-
kappale, kun se on juonut päänsä täyteen. Eläydy siihen, että
tuo samainen juopunut apina saisi keppostensa lomassa vielä
skorpionin pistoksen ja alkaisi hypellä ympäriinsä kivusta ulvoen.
Ja sitten tämä humalassa oleva, skorpionin pistämä apina hyppisi
kookospalmun alle ja juuri sillä hetkellä suurikokoinen vihreä
kookoksen hedelmä putoaisi sen päähän. Lopulta henki ottaisi
valtaansa tämän sinne tänne horjuvan kädellisen olennon. Amma
sanoo, että tässä meillä on hyvä vertauskuva tämänhetkisestä
mielentilastamme, rajoittuneesta tietoisuudestamme, joka on
mieltymysten ja vastenmielisyyksien, halujen ja pelkojen vallassa.

Tällaisella mielellä emme kykene näkemään asioita niin kuin
ne ovat. Sen sijaan näemme ne sillä tavoin mitä itse olemme.
Seuraava tarina kuvaa tätä seikkaa.

Eräässä Zen-luostarissa oli kaksi munkkia. Toisella munkeista
oli vain yksi silmä. Eräänä päivänä vaeltava munkki koputti ovelle
ja haastoi tämän yksisilmäisen mukin filosofiseen keskusteluun.
Kun väittely oli ohi, vaeltava munkki myönsi tappionsa. Ennen
lähtöään hän meni hyvästelemään toista munkkia, joka oli luostarin
johtaja. Vieraileva munkki sanoi päämunkille: "Tuo yksisilmäinen
munkki on nero. Me päätimme väitellä hiljaisuudessa. Minä aloitin
ja näytin hänelle yhtä sormea – joka edusti Buddhaa. Sinun veljesi
näytti kahta sormea tarkoittaen Buddhaa ja hänen opetuksiaan.
Minä vastasin näyttämällä kolme sormea, tarkoittaen Buddhaa,
hänen opetuksiaan ja seuraajiaan. Silloin yksisilmäinen munkki löi
minut *coup de gracellä* (kuoliniskulla) näyttäen minulle nyrkkiään
– todistaen siten, että tosiasiassa Buddha, hänen opetuksensa ja
seuraajansa ovat kaikki yhtä."

Vieraileva munkki kumarsi vielä kerran ja lähti sitten luostarista. Juuri silloin yksisilmäinen munkki astui sisään.

"Tuo munkki oli sitten niin karkea. Jos hän ei olisi ollut meidän vieraamme, olisin antanut hänelle selkäsaunan, jonka hän olisi ansainnut."

"Mitä tapahtui?" päämunkki kysyi.

Yksisilmäinen munkki vastasi sanoen: "Me päätimme pitää hiljaisen väittelyn. Hän näytti ensin yhtä sormeaan tarkoittaen, että näen että sinulla on vain yksi silmä. Niinpä näytin hänelle kohteliaisuudesta kahta sormea tarkoittaen, että näen että sinulla on kaksi silmää. Mutta tuo kelmi kehtasi näyttää kolmea sormea tarkoittaen, että meillä on yhteensä kolme silmää. Minä raivostuin ja näytin hänelle nyrkkiä tarkoittaen, että jos et lopeta puhumasta silmistä, minä sammutan sinun valosi.

Kumpikin munkeista tulkitsi eleet oman mielenlaatunsa mukaisesti aivan eri tavalla.

Eräänä iltana Buddha piti opetuspuhetta. Ajatellen munkkeja, jotka olivat yleisön joukossa, hän sanoi puheensa lopulla: "Ennen kuin menette nukkumaan, älkää unohtako päivän tärkeintä asiaa."

Kuullessaan nämä sanat munkit ajattelivat, että heidän ei pitäisi unohtaa meditoida ennen nukahtamista. Yleisön joukossa oli myös varas, joka tulkitsi Buddhan sanat eri tavoin: 'Buddha on oikeassa', hän ajatteli, 'myöhäinen ilta on parasta aikaa varastamisen kannalta.' Prostituoitu, joka kuuli nämä sanat, ajatteli että hänen tulisi yrittää löytää asiakkaita sinä iltana matkalla kotiin. Jokainen tulkitsi näin Buddhan neuvon oman mielensä mukaisesti.

Amma sanoo, että kun elämässämme ilmenee ongelmia, yritämme aina muuttaa olosuhteitamme, mutta usein ainoa ratkaisu on muuttaa itsemme – muuttaa oma mielemme.

Amman Japanin ohjelman aikana eräs oppilas tuli erään brahmacharin luo kertoen kaikista ongelmistaan, joita hänellä oli vaimonsa kanssa. Brahmachari kuunteli häntä kärsivällisesti ja ehdotti lopulta, että hän menisi Amman darshaniin rukoillen mielessään, että Amma auttaisi palauttamaan tasapainon heidän avioelämäänsä.

Kun hän oli Amman sylissä, Amma kuiskasi oppilaan korvaan japanin kielellä:"Rakas poikani, rakas poikani."

Mutta hän luuli Amman sanovan sen sijaan: "Mitä aiot tehdä, mitä aiot tehdä?"

Niinpä hän ajatteli mielessään: 'Oi Amma, annatko sinä minulle luvan valita?' Innostuneena hän tokaisi murretulla englannin kielellä salaisen haaveensa toisesta vaimosta: "Amma! Vaimon vaihto, pyydän! Vaimon vaihto!"

Amma nauroi sydämellisesti ja painoi hänen päänsä takaisin syliinsä. Kun oppilaan darshan oli ohi, hän oivalsi, että kaikki ympärillä olijat olivat kuulleet hänen huudahduksensa, minkä takia hän tunsi itsensä kovin noloksi.

Seuraavan kerran kun hän meni darshaniin, Amma sanoi hänelle: "Poikani, mielentilan vaihto, ei vaimon vaihto!"

Kuullessaan Amman neuvon mies oivalsi mielettömyytensä ja päätti pyrkiä sopeutumaan ja tulemaan toimeen vaimonsa kanssa.

Amman kaltaiset *mahatmat* ovat aina onnellisia, vaikka elävätkin samassa maailmassa kuin me. Vaikka he kohtaavatkin samanlaisia ongelmia kuin me, he ovat aina rauhan tilassa. Kun Amma oli nuori tyttö, oman kodin kotitöiden lisäksi, hänen vanhempansa lähettivät hänet kotitaloustöihin sukulaisten luokse, kymmenen kilometrin päähän. Aluksi Amma meni veneellä sukulaisten talolle, mutta kun hänen vanhempansa alkoivat valittaa sen aiheuttamista kustannuksia, Amma päätti kävellä. Sen sijaan, että Amma olisi valittanut pitkän kävelymatkan aikana kovaa kohtaloaan, hän käytti aikansa kuunnellen aaltojen pauhua rantaa vasten tai hän toisti hiljaa mielessään Om-mantraa tai lauloi pehmeästi Jumalalle. Amma sanoo, että ilo, jonka hän koki noiden kävelyiden aikana, on sanojen ulottumattomissa.

Adi Shankara neuvoo meitä *Viisi säettä henkisestä elämästä* (*Sadhana Panchakam*) –ajatelmissaan sanoen:

ekānte sukham āsyatām

Oleile onnellisena yksinäisyydessä.

Yksinolemisella ei tässä välttämättä tarkoiteta fyysisesti yksin tai eristäytyneenä olemista. *Eka* tarkoittaa 'yhtä' ja *anta* tarkoittaa 'loppua' tai 'päämäärää'. Kun mieli on keskittynyt syvällisesti mietiskelemään gurua, Jumalaa tai Atmania (Itseä), se on suuntautunut yhteen suuntaan. Silloin mielestä tulee rauhallinen ja rentoutunut. Tämä on todellista yksinolemista.

Voimme tietenkin olla yksin, niin että kukaan ei ole häiritsemässä meitä, mutta mieli joka on täynnä ajatuksia ja tunteita, ei voi kokea rauhaa tai iloa.

Olipa kerran luostari, jossa oli ankarat säännöt. Siellä piti noudattaa hiljaisuuden valaa, niinpä kukaan ei saanut puhua laisinkaan. Tästä säännöstä oli olemassa vain yksi poikkeus. Kerran kymmenessä vuodessa munkit saivat sanoa kaksi sanaa. Vietettyään ensimmäiset kymmenen vuotta luostarissa, eräs munkki meni päämunkin luokse.

"Kymmenen vuotta on kulunut", sanoi päämunkki. "Mitkä ovat ne kaksi sanaa, jotka sinä haluaisit sanoa?"

"Sänky... kova", sanoi munkki.

"Ymmärrän", vastasi päämunkki.

Kymmenen vuotta myöhemmin sama munkki palasi päämunkin toimistoon.

"Kymmenen vuotta on jälleen kulunut", sanoi päämunkki. "Mitkä kaksi sanaa haluaisit nyt sanoa?"

"Ruoka… haisee", sanoi munkki.

"Ymmärrän", vastasi päämunkki.

Jälleen kymmenen vuotta kului ja munkki tapasi jälleen päämunkin, joka kysyi: "Mitkä ovat ne kaksi sanaa, jotka haluaisit nyt sanoa?"

"Minä lähden", sanoi munkki.

"Hyvä on, ymmärrän kyllä miksi", vastasi päämunkki. "Sillä sinähän ainoastaan valitat."

Vaikka olosuhteet olisivat parhaimmat mahdolliset, jos meidän asenteemme ei ole oikeanlainen, emme voi koskaan löytää mielenrauhaa. Mutta kun olemme saavuttaneet todellisen yksinolevaisuuden, mielemme on tyyni vaikka olisimme kauppakeskuksessa. Meidän oma mielemme aiheuttaa meille kärsimystä sekä synnyttää iloa.

Kerran lukion rehtori, joka halusi lisätä sopusointua, veljeyden tunnetta ja innostaa tulevia taiteilijoita koulussaan, lupasi palkinnon taiteilijalle, joka maalaisi teoksen, joka ilmentäisi parhaiten rauhaa. Tutustuttuaan moniin ehdotuksiin, rehtori päätyi kahteen teokseen. Ensimmäinen esitti tyyntä järvenpintaa, johon heijastui vihreä lehto, lumihuippuiset vuoret ja niiden yläpuolella sininen taivas valkoisine pilvineen.

Toisessa maalauksessa oli myös vuoria, mutta ne olivat karuja ja paljaita. Yläpuolelle oli maalattu tumma ja pelottava taivas ukkospilvineen ja salamaniskuineen. Vuorenrinnettä laskeutui hurja vesiputous.

Rehtori kutsui henkilökunnan katsomaan näitä kahta maalausta ja sanomaan näkemyksensä siitä, kumpi niistä kuvasi parhaiten rauhaa. Nimettöminä he kehoittivat rehtoria valitsemaan ensimmäisen maalauksen, sillä hullukin näki, että sen esittämä näkymä oli rauhallisempi. Rehtori valitsi kuitenkin lopulta toisen maalauksen. Yksi opettajista kysyi syytä tähän.

"Katso tarkemmin", rehtori sanoi.

Kun hän teki niin, hän näki vesiputouksen vierellä pienen pensaan, joka kasvoi vuoren halkeamasta. Tuon pensaan oksalla, lähellä vesiputousta, oli äitilintu, joka istui pesässään täydellisen rauhallisena.

"Rauha ei tarkoita sitä, että olemme paikassa, missä ei ole melua, ongelmia tai kovaa työtä", rehtori selitti. "Rauha tarkoittaa, että kaiken tällaisen keskelläkin olemme rauhassa sisällämme. Sitä on todellinen rauha."

Mielemme hallinnan saavuttaminen ei ole ainoastaan apukeino psykologiseen hyvinvointiin. Pyhien kirjoitusten mukaan tämä on elämän ja kuoleman kysymys. Usein mielessämme oleva viimeinen ajatus ennen kuolemaamme näyttelee merkittävää roolia koskien seuraavaa elämäämme.

Krishna sanoo *Bhagavad-Gitassa*:

antakāle ca mām eva smaran muktvā kalevaram
yaḥ prayāti sa madbhāvam yāti nā'styatra samśsayaḥ

Hän, joka ajattelee Minua lopun hetkellä, saavuttaa Minun olemukseni. Tämä totuus on vailla epäilystä.

(VIII:5)

Amma kertoo seuraavan tarinan.

Olipa kerran kaksi ystävää, joista toinen oli kiinnostunut henkisyydestä, toinen taas oli välinpitämätön. Eräänä iltana heidän kaupungissaan pidettiin *Bhagavad-Gitaa* käsittelevä *satsang*.[1] Ensimmäinen heistä halusi osallistua, niinpä hän pyysi

---

[1] *Satsang* tarkoittaa kirjaimellisesti 'totuudellista seuraa'. Satsangin korkein muoto on *samadhi*, sulautuminen absoluuttiin. Satsang voi myös tarkoittaa henkisen mestarin seuraa, henkisten etsijöiden seuraa, henkisten kirjojen lukemista tai henkisen luennon kuuntelemista.

SISÄISEN RAUHAN SALAISUUS

ystäväänsä mukaansa. Toinen ei ollut kiinnostunut. Hän halusi mennä sen sijaan yökerhoon. Kumpikin heistä meni omille teilleen. Jonkin ajan kuluttua *satsangiin* osallistuva alkoi ajatella: 'Minun ystävälläni on varmaankin hauskaa. Minun olisi pitänyt mennä hänen mukaansa.' Samaan aikaan yökerhoon mennyt ajatteli: 'Mitä minä täällä teen? Tanssiminen täällä on sitä samaa, olisi ollut paljon mielenkiintoisempaa kuulla *Bhagavad-Gitasta* ja niin olisin saanut *punyaa* (henkisiä ansioita).'

Molemmat heistä sattuivat kuolemaan tuon yön aikana. Hän, joka oli mennyt yökerhoon, mutta joka oli ajatellut kaiken aikaa Krishnaa, huomasi saapuneensa taivaaseen. Toinen heistä, joka oli ajatellut kaiken aikaa yökerhoa, huomasi olevansa jossakin vähemmän miellyttävässä paikassa.

Jos emme pyri voittamaan omaa mieltämme, emme voi saada täyttä hyötyä tästä elämästä, ja näin meidän tulevaan elämäemme kohdistuu myös kielteinen vaikutus.

Kerran eräs mies käveli psykiatrin vastaanotolle ja sanoi: "Lääkäri, ole hyvä ja auta minua. Minä ajattelen, että olen Jumala."

"Hmmm... mielenkiintoista. Kerro minulle miten se alkoi?"

"Ensiksi minä loin auringon, sitten kuun, maan ja tähdet."

Vaikka tämä mies kärsikin harhoista, lopullinen totuus kuitenkin on, että me kaikki olemme Jumala. *Taittriya Upanishadeissa* (2.6.3) sanotaan: "Korkein ajatteli, 'Tulkoon Minusta monta' ja Hän loi kaiken minkä havaitsemme. Luotuaan sen, Hän läpäisi kaiken." Sanatana dharman (hindulaisuuden) mukaan on olemassa vain Jumala eikä mitään muuta.

Amma sanoo, että tämä moninaisuuden maailma on lopulta illuusio ja jos haluamme oivaltaa korkeimman totuuden, meidän tulee mennä kokonaan mielen tuolle puolen – sillä illuusion lähde on mieli.

Yhdellä Amman Intian kiertueista matkalla kaupungista toiseen Amma pysähtyi jakamaan lounasta kiertueryhmälle. Kun kaikki olivat syöneet, Amma kysyi kahdeksanvuotiaalta Ramu-pojalta: "Missä Jumala on?"

Ramu osoitti taivasta kohden.

"Ei vaan sisällä", Amma sanoi. "Jumala on sisälläsi." Sitten hän osoitti 400 ihmistä, jotka olivat hänen ympärillään. "Jumala on jokaisen täällä olevan ihmisen sisällä. Meidän tulisi palvella kaikkia ja nähdä heidät Jumalan ilmentyminä."

Sitten Amma pyysi poikaa selittämään oman käsityksensä Jumalasta.

"Jumala loi maailman ja kaikki ihmiset", Ramu sanoi.

"Maailma ei ole Jumalan luomus", Amma vastasi. "Se on sinun luomuksesi."

Yoga Vasishtan kaltaisia paksuja kirjoja on kirjoitettu kuvaamaan tätä syvällistä totuutta: koko maailmankaikkeus on vain mielen heijastuma. Ramu seisoi hämmentyneenä. Katsoen sitten Ammaa silmiin hän sanoi lopulta epävarmana: "Amma laskee leikkiä."

Amma sanoo, että kaikki mitä näemme tässä maailmassa, näemme omien mielikuviemme lävitse. Me näemme maailman rajoittuneen mielemme ja älymme kautta, jonka oma mielemme on luonut. Siksi pyhät kirjoitukset sanovat, että se mitä me pidämme totuutena, ei ole absoluuttinen totuus vaan suhteellinen totuus.

Amma sanoo samalla tavoin, että pidämme tätä maailmaa todellisena, mutta se on tosiasiassa vain illuusio. Ottakaamme esimerkiksi saviruukku; ennen kuin ruukku luotiin, savi oli jo olemassa. Jos ruukku putoaa ja menee sirpaleiksi, ruukku erillisenä esineenä lakkaa olemasta, mutta savi, josta ruukku luotiin, on edelleen olemassa. Niinpä ruukulla ei ole olemassa omaa olemassaoloa, se on vain savea. Savi omaksui joksikin aikaa ruukun muodon – mutta koska se on väliaikainen, ruukku on ainoastaan suhteellisesti ottaen todellinen. Koska sillä ei ole olemassa savesta erillistä olemassaoloa, voimme sanoa, että perimmäisestä mielessä ruukkua ei ole olemassa – se on illuusio.

Samalla tavoin Amma sanoi pojalle: "Maailma on sinun mielesi luomus."

Hän tarkoitti tällä, että kaksinaisuuden maailma on illuusio, jonka oma mielemme on luonut. Tosi asiassa on olemassa vain Brahman; vain Jumala on olemassa. Mutta nykyisessä tilassamme näemme ja koemme maailmassa niin paljon kaksinaisuutta.

Amma sanoo, että se mitä kutsumme kaksinaisuuden illuusioksi ei itseasiassa ole todella olemassa; se on kuin pimeys. Emme voi poistaa pimeyttä ja laittaa sitä jonnekin. Ainoa keino ylittää pimeys on sytyttää valo. Heti kun sytytämme valon, pimeys katoaa. Samalla tavoin, kun Itseä koskeva tieto herää meissä, kaksinaisuuden pimeys katoaa ja näemme ykseyden kaikkialla.

Isavasya Upanishadissa sanotaan Atmanista (Itsestä).

tadejati tannaijati tad düre tadvantike
tadantarasya sarvasya tadu sarvasyāsya bāhyataḥ

Se liikkuu, Se ei liiku, Se on kaukana, Se on lähellä, Se läpäisee kaiken ja se on kaiken tuolla puolen.

(5)

Tosiasiassa Atman on lähempänä kuin lähin, se on meidän oma Itsemme, se on lähempänä kuin mieli. Se on jokaisen elävän olennon keskeinen olemassaolo ja koko maailmankaikkeuden perusta. Niinpä ei ole mitään mikä olisi lähempänä kuin Atman. Silti sanotaan, että Itse näyttää olevan kauempana kuin kaukaisin, koska tietämätön ei voi sitä tavoittaa edes satojen miljoonien vuosien aikana. Tämä ei kuitenkaan tarkoita, että Jumala olisi julma. Todellisen Itsen ikuinen, autuaallinen olemus on salaisuus, mutta kukaan ei piilottele sitä meiltä, kaikkein vähiten Jumala tai guru. Meiltä vain puuttuu mielen hienosyisyyttä voidaksemme ymmärtää sen oikealla tavoin. Sellaiselle, jolla on egon pimentävä mielenlaatu, tämä tieto on salattua. Samalla tavoin kuin melodia ei aukea epämusikaaliselle tai värisokea ei kykene näkemään tiettyä väriä. Se pysyy salattuna niin kauan kunnes sopiva henkilö saapuu ottaakseen opetuksen vastaan. Amma sanoo odottavansa sellaisten vastaanottajien ilmestymistä. Älkäämme antako hänen odottaa pidempään.

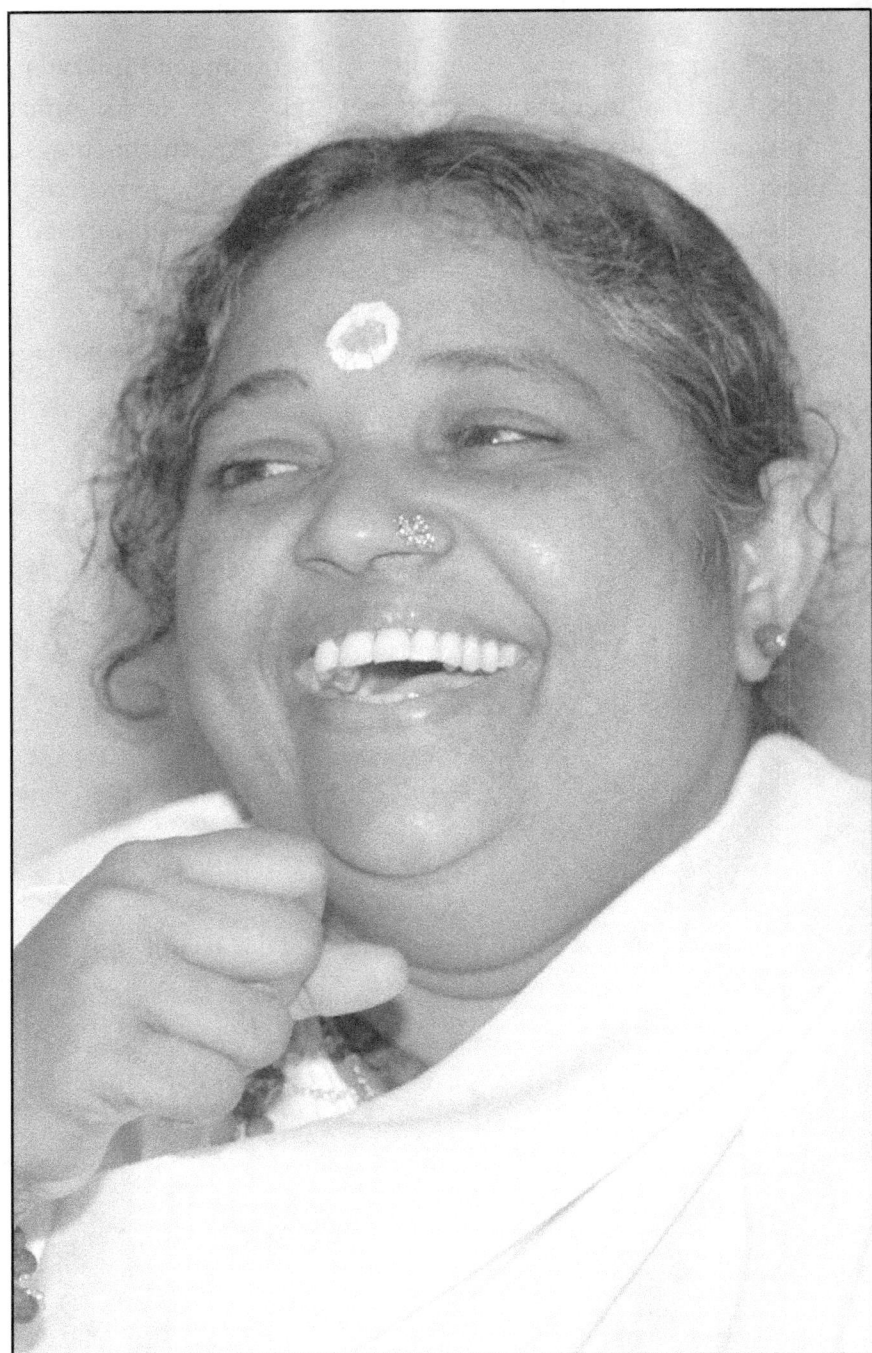

LUKU 7

Aistit ja herkkyys: Kuinka hallita mieli ja katsoa sisäänpäin?

Olen havainnut, että kaikki ihmisessä oleva pahuus tulee siitä, että ihminen ei kykene istumaan hiljaa huoneessa.

– Blaise Pascal

Shankaracharyan *Viveka Chudamanissa* (Erottelukyvyn kruunun jalokivessä) sanotaan:

doṣeṇa tīvro viṣayaḥ kṛṣṇa-sarpa-viṣād api
viṣaṁ nihanti bhoktāraṁ draṣṭāraṁ cakṣuṣā 'pyayam

Aistikohteet ovat kuolettavampia kuin kuningaskobran myrkky. Kobran myrkkyyn kuolee vain kun sitä isketään meihin, mutta näiden pelkkä näkeminen voi aiheuttaa kuoleman.

(77)

Kuningaskobran myrkky on tappavaa. Kun tämä käärme pistää meitä, meillä on vain puoli tuntia elinaikaa. On kuitenkin sanottu, että aistikohteet ovat vielä vaarallisempia, sillä siinä missä käärmeen pitää purra meitä tappaakseen meidät, pelkkä aistikohteen katsominen voi tuhota meidät. Nähdessämme jotakin haluttavaa, haluamme saada sen itsellemme, ja kun syöksymme päistikkaa hankkimaan sen itsellemme, joudumme harhaan dharman polulta. Amma selventää tätä totuutta seuraavan tarinan avulla.

Kerran avadhuta käveli omaa kyläänsä kohti. Tien varrella oli suuri puu, jonka rungossa oli kolo. Hän päätti levätä hetkisen puun varjossa. Otettuaan nokkaunet hän oli aikeissa jatkaa matkaansa, mutta päätti kuitenkin vilkaista mitä puun rungon sisällä oli. Nähdessään mitä sinne oli piilotettu, hän hypähti niin kuin olisi saanut sähköiskun ja juoksi pois huutaen: "Vaara! Vaara! Näin Yaman, kuoleman jumalan tuossa puussa! Juoskaa henkenne edestä!"

Samassa kolme miestä ohittivat paikan ja kysyivät avadhutalta mitä hänelle oli tapahtunut. Hän selitti, että Yama odotti heitä puussa ja varoitti heitä menemästä sen lähelle. Kun joku varoittaa jotakuta tekemästä jotakin hän tietenkin haluaa tehdä niin – sellainen on ihmisluonto. Kolme miestä päättivät mennä ja katsoa omin silmin, sillä he ajattelivat, että avadhuta saattoi olla hieman hullu. He ihmettelivät, mitä hän oli oikein nähnyt.

Kun he katsoivat puussa olevaan koloon, he näkivät timantteja ja kimaltelevia jalokiviä sisältävän aarteen.

"Mikä idiootti", yksi heistä sanoi. "Hän näki aarteen ja ajatteli, että se oli kuoleman jumala. Hullu on mennyt menojaan. Mikä onni meille!"

Puu oli vilkkaan kulkuväylän varrella, niinpä paljon ihmisiä kulki paikan ohitse. Nämä kolme miestä valitsivat keskuudestaan yhden – kutsukaamme häntä A:ksi – jotta hän vartioisi aarretta ja kertoisi heille milloin ketään ei olisi lähettyvillä, jotta he voisivat jakaa saaliin kolmeen osaan. Nämä kaksi, B ja C suunnittelivat nyt, että he tappavat A:n, jotta he voisivat jakaa aarteen kahteen osaan. Koska oli jo myöhä, he alkoivat tuntea itsensä nälkäisiksi. B tarjoutui hakemaan heille ruokaa. Matkalla hän meni A:n luokse ja kertoi hänelle, että C oli gangsteri, joka oli valmis tappamaan hänet.

"Yrittäköön!" A sanoi. "Minä annan hänelle opetuksen!"

B meni hakemaan ruokaa, mutta palatessaan hän sekoitti siihen myrkkyä, jotta voisi siten tappaa toiset ja pitää aarteen itsellään. Kun hän toi ruokaa A:lle, A tappoi hänet. Sen jälkeen A otti ruoan ja meni puun luokse C:n seuraan syömään sitä ja niin he molemmat kuolivat. Hieman myöhemmin avadhuta sattui kulkemaan jälleen paikan ohitse, jolloin hän näki kuolleet ruumiit siellä. Hän huudahti jälleen: "Kuoleman jumala on lähettyvillä. Varokaa!"

Jalokivien pelkkä näkeminen sai aikaan näiden kolmen miehen kuoleman. Kuinka monta kuolemaa omistushalu onkaan aiheuttanut? Tämän takia Shankaracharya sanoo, että aistikohteet ovat jopa kuolettavampia kuin käärmeen myrkky.

Tämä ei tarkoita, että aistit olisivat vihollisiamme, ne ovat vain välikappaleita, joiden avulla mieli nauttii aistikohteista. Silmät eivät nauti minkään näkemisestä, ne vain välittävät tiedon mielelle. Itse asiassa, jos mieli ei osallistu, aistit eivät havaitse mitään. Kuinka usein olemmekaan olleet niin uppoutuneita kirjaan tai TV-ohjelmaan, että emme ole kuulleet jonkun puhuvan meille aivan vieressämme? Niinpä syyllistä ei tule etsiä aisteista vaan mielestä. Jos kykenemme hallitsemaan mielemme, aistit kyllä jättävät meidät rauhaan.

Ensimmäinen askel mielen hallitsemisessa on pyrkiä välttämään sellaisia aistikohteita ja tilanteita, joiden tiedämme houkuttavan meitä nauttimaan niistä. Amma sanoo, että on vaikeaa luopua suklaasta, jos kävelemme ympäriinsä suklaata kassissamme tai on vaikeaa lopettaa television katselu, jos meillä on plasma-televisio makuuhuoneemme seinällä.

Vaikka pitäisimmekin fyysistä etäisyyttä kohteeseen, jota haluamme, jos edelleen ajattelemme halumme kohdetta, ei etäisyydestä ole paljoakaan hyötyä. Jos istumme meditoimassa ja sieraimiimme tulee herkullisen ruoan tuoksua, mielemme vaeltaa keittiöön ja alamme ajatella, että mitähän herkkua siellä valmistetaan. Emme voi nousta ylös ja mennä keittiöön, koska olemme meditoimassa. Niinpä kehomme on meditaatiohallissa, mutta mielemme on keittiössä. Kehomme paastoaa, mutta mielemme nauttii juhla-ateriaa.

Krishna sanoo *Bhagavad-Gitassa*:

karmendriyāṇi saṁyamya
ya āste manasā smaran
indriyārthān vimūdhātmā
mithyācāraḥ sa ucyate

Hän joka hallitsee aistielimensä, mutta ajattelee edelleen aistikohteita, on tekopyhä ja elää harhassa.

(3.6.)

Meidän mieltämme voi verrata vesikattilaan, joka on laitettu tulisijalle. Kun vesi kiehuu, lisäämme hieman kylmää vettä viilentääksemme sitä. Tämä toimii hetken, mutta vesi kiehuu pian uudelleen ja jälleen lisäämme kylmää vettä. Jos haluamme välttää veden lisäämistä aina parin minuutin välein, meidän tulee kaataa vettä tuleen. Samalla tavoin, mielemme kiehuu johtuen halujemme tulesta. Kun tyydytämme halumme, mielemme rauhoittuu ja on rauhassa hetkisen, mutta hetken päästä uusi halu herää ja jälleen mielemme kiehuu. Haluilla ei ole loppua, aina ilmestyy uusi ja jälleen uusi halu. Ainoa ratkaisu on kaataa henkisen ymmärryskyvyn vettä halujemme tuleen. Vaikka emme onnistuisikaan sammuttamaan tulta, voimme kuitenkin heikentää

78

liekkien voimaa. Kun ymmärrämme, että aistien tyydyttäminen on haitallista – että se etäännyttää meitä todellisesta Itsestä – emme anna houkutuksen viekoitella itseämme.

Krishna sanoo *Bhagavad-Gitassa* (XVIII:37-38), että "Se mikä on aluksi kuin nektaria, on lopuksi kuin myrkkyä; ja se mikä on aluksi kuin myrkkyä, on lopuksi nektaria." Kun meidän aistimme ovat yhteydessä halumme kohteeseen, nautimme siitä hetken, mutta myöhemmin nautinto johtaa suruun, kun kohde luonnollisella tavalla muuttuu tai vähenee. Todellinen rauha ja onni, jonka saavutamme hallitsemalla mielemme, luopumalla halusta ja tekemällä henkisiä harjoituksia, on aluksi karvasta, sillä mieltä on vaikea hallita. Pian huomaamme kuitenkin, että se onni, jonka saamme maailmasta, kalpenee henkisten harjoitusten lahjoittaman sisäisen rauhan rinnalla, puhumattakaan Itse-oivalluksen päättymättömästä autuudesta.

Kun tuli on sammunut, kattila on helppo ottaa pois. Samalla tavoin, kun mielemme on suhteellisen vapaa halusta, on helpompaa vetää huomio pois aisteista ja suunnata se sisäänpäin – kohti Atmania (Itseä).

LUKU 8

Halun voittaminen

Voimme oppia kolmella tavalla viisautta:
ensinnäkin mietiskelemällä, joka on jalointa
toiseksi matkimalla, joka on helpointa
ja kolmanneksi kokemuksen kautta, mikä on tuskallisinta.

– Konfutse

Näin joku aika sitten amerikkalaisen koululaisen lukevan kirjaa, joka käsitteli ihmiskehoa. Päätin esittää hänelle tietokilpailukysymyksen, niinpä sanoin: "Mitä on seitsemänkymmentä prosenttia kehostasi?" Hetkeäkään epäröimättä poika vastasi: "Coca-Colaa."

Itse asiassa on olemassa kahdenlaisia haluja, luonnollisia ja itseluotuja. Jos olemme janoisia, kyse on luonnollisesta halusta. Mutta jos haluamme juoda vain limsaa, tämän halun olemme luoneet itse. Henkinen elämä tarkoittaa sitä, että teemme eron luonnollisten halujen ja itse luotujen halujen välillä, ja ylitämme jälkimmäiset. Jos kykenemme poistamaan ne, säästämme paljon energiaa, vaivannäköä ja aikaa, jonka voisimme käyttää henkisiin harjoituksiin, yhteiskunnan palvelemiseen ja muihin luoviin tarkoituksiin.

Pian sen jälkeen, kun Amma oli ilmoittanut laajasta tsunamin tuhoja korjaavasta apuohjelmasta, australialainen pariskunta joka oli tavannut Amman edellisen Australian kiertueen aikana, istui autoon ajaakseen kalliiseen ravintolaan juhlistamaan hääpäiväänsä.

Yhtäkkiä nainen sanoi: "Rakkaani, paljonko luulet, että illallinen tulee tänään maksamaan?"

"Älä ajattele sitä, rakkaani", hänen miehensä vastasi. "Tämä on meidän vuosipäivämme, ei ole kyse rahasta."

"Ajattelin näet", vaimo jatkoi. "Me saatamme käyttää 200 dollaria illalliseen tänään. Mitä jos kääntyisimme takaisin ja söisimme kotona? Voimme tilata ruokaa kotiin alle kahdellakymmenellä dollarilla ja lähettää loput rahat Ammalle käytettäväksi tsunamin uhrien auttamiseen."

Hänen aviomiehensä teki niin kuin vaimo ehdotti. Koska he molemmat tiesivät, että heidän pieni uhrauksensa palvelisi niitä, jotka olivat todella avun tarpeessa, nauttivat he yksinkertaisesta kiinalaisesta kotiin vietävästä ateriasta enemmän kuin olivat nauttineet mistään aiemmasta vuosipäivän illallisesta. Mies oli niin innostunut vaimonsa ideasta, että kertoi siitä työtovereilleen seuraavana päivänä. Viikon lopulla hän saattoi lähettää shekin, joka sisälsi, ei ainoastaan hänen ja hänen vaimonsa säästämät rahat kun he olivat syöneet tuona iltana kotona, vaan myös anteliaitten työtovereittensa lahjoitukset. He olivat kaikki päättäneet tehdä samanlaisen uhrauksen omien hääpäiviensä kohdalla.

Helpoin tapa ylittää itse luodut halut on lähestyä Amman kaltaista mestaria. En tarkoita sitä, että jos tulet Amman luo, kaikki halusi katoavat välittömästi. Moni Amman oppilas ja opetuslapsi on kokenut Amman tavattuaan monien halujen yksinkertaisesti putoavan pois. Minä tulin Amman luokse toivoen, että hänen jumalallinen voimansa auttaisi minua saamaan siirron pankissa, jossa työskentelin, lähemmäksi kotikaupunkiani. Suurin syy tälle toiveelleni oli siinä, että olin todella tyytymätön asuinpaikkaani ja ruokaan, jota oli tarjolla siinä kaupungissa, missä työskentelin siihen aikaan. Tavattuani Amman ryhdyin viettämään suurimman osan ajastani ashramissa, siitäkin huolimatta että siellä ei ollut paikkaa missä yöpyä ja ruokaakin oli niukanlaisesti. Amman läheisyydessä se mikä oli ollut minulle tärkeintä katosi itsestään taka-alalle.

Eräs nuori mies, jonka unelma oli saada työskennellä stuerttina lentokoneessa, sai yhtäkkiä työtarjouksen kahdelta lentoyhtiöltä. Koska hän ei kyennyt valitsemaan näiden kahden välillä, hän päätti kysyä neuvoa Ammalta. Mutta kun hän meni Amman darshaniin, hän ei edes esittänyt kysymystään, vaan päätti pitää sen sijaan vanhan työpaikkansa kotikaupungissaan, joka sijaitsi lähellä ashramia. Näin hän pystyi tulemaan useammin tapaamaan Ammaa ja osallistumaan ashramin henkisiin harjoituksiin sekä sevaan (pyyteettömään vapaaehtoistyöhön). Näin elämänpituinen halu lentää poistui, kun hän alkoi tavoitella jotakin korkeampaa.

Tämä on erikoinen mutta yleinen ilmiö. Monella meistä, jotka tulemme Amman luo, on satoja ongelmia ja ajattelemme, että jos kerromme ongelmistamme Ammalle, ne ratkeavat hänen armonsa avulla. Mutta kun tulemme Amman lähelle, täytymme rakkaudella ja rauhalla, jota hän säteilee kaiken aikaa. Hänen jumalalliset värähtelynsä täyttävät ja tyynnyttävät meidät. Se ilo, jonka saamme kokea Amman läheisyydessä, on ikään kuin ennakkoesitys, pieni väläys siitä ikuisesta autuudesta, joka on sisällämme ja jonka voimme saavuttaa oivaltamalla ykseytemme Jumalan kanssa.

Kun poistumme Amman luota, halumme ja ongelmamme nousevat uudelleen esille, ja joudumme jälleen kiihtymyksen tilaan. Mutta me voimme oppia siitä, mitä olemme saaneet kokea Amman lähellä. Hän näyttää meille, että kun mielemme on vapaa ajatuksista ja haluista, silloin rauha ja autuus vallitsevat. Silloin saamme nähdä olemuksemme ytimeen, joka on Atman tai Jumala. Se autuus, jota saamme kokea Amman läheisyydessä, sallii meidän nähdä, että se onni jota saamme tuntea, kun luovumme haluista, on paljon suurempi kuin se minkä saamme kokea tyydyttäessämme halujamme.

Itse asiassa halun tyydyttäminen on tapahtumasarja, jossa halu poistetaan. Jos esimerkiksi haluamme urheiluauton ja ostamme sen, silloin halu urheiluautoa kohtaan poistuu. Ostamalla urheiluauton poistamme sitä koskevan halun. Jos samalla tavalla poistaisimme itse luomamme halut erottelukyvyn avulla, viettämällä aikaa henkisen mestarin läheisyydessä tai korvaamalla halut jollakin korkeammalla tavoitteella, silloin meidän ei tarvitsisi nähdä vaivaa halujen tyydyttämiseen ja säästäisimme paljon aikaa ja vaivaa. On myös hyvä muistaa, että on olemassa paljon haluja, joita emme kykene tyydyttämään vaikka yrittäisimmekin.

On tietenkin olemassa perustarpeita ja välttämättömyyksiä, mutta niitä voimme pitää luonnollisina tarpeina. Riippuen elämäntyylistämme saatamme tarvita autoa, mutta henkisinä oppilaina haluamme poistaa urheiluautoa koskevan halun. Jos meidän tavoitteemme on Jumal-oivallus, on parempi pysytellä erossa siitä, mikä on tarpeetonta.

Amman viimeisimmän Pohjois-Intian kiertueen aikana Amma pysähtyi lounaalle pienen kukkulan huipulla olevalle pellolle. Mukana matkustavat oppilaat kerääntyivät hänen ympärilleen, ja eräs länsimaalainen oppilas esitti kysymyksen: "Amma, kun olemme tekemisissä erittäin voimakkaan kiintymyksen kanssa, sellaisen, johon olemme niin samastuneita, että emme kykene vapautumaan siitä, millä tavoin meidän tulisi asennoitua siihen?"

Amma vastasi sanoen: "Jos halusi on voimakas ja yrität tukahduttaa sen, se palaa vain entistä voimakkaampana. Toisaalta senkin jälkeen, kun olemme kokeneet sen kerran, kaksi tai kolme kertaa, halu palaa takaisin, niinpä meidän ei pidä ajatella, että se tulisi tyydytetyksi nautiskelemalla."

84

Amma otti esimerkiksi halun saada itselleen kumppani sanoen: "Vaikka olisimme satavuotiaita, tuo halu ei poistu, ei vaikka menisimme naimisiin, silti tunnemme vetovoimaa toisia kohtaan. Jossakin vaiheessa meidän tulee pyrkiä kehittämään itsessämme *vairagyaa* (intohimottomuutta)."

Mies ei ollut tyytyväinen Amman vastaukseen. Hänellä oli mielessään aivan erityinen halu.

"Amma, haluan purjehtia veneelläni Amerikasta Intiaan... tämä suunnitelma on ollut minulla jo monta vuotta."

Amma kysyi kuinka kauan purjehtiminen kestäisi Amerikasta Intiaan.

"Kahdesta kuukaudesta aina kymmeneen vuoteen."

Hiljaisella kukkulalla kaikui nauru.

"Onko joku tehnyt tämän matkan aiemmin?" Amma kysyi. "Kyse ei ole vain veneeseen astumisesta, asiaan liittyy monia eri tekijöitä."

Mies kertoi Ammalle, että monet ihmiset olivat tehneet samanlaisen matkan ja että hän oli asunut merellä viimeiset kaksikymmentä vuotta.

"Vaikka olet asunut merellä kaksikymmentä vuotta, tämä halu ei ole kadonnut", Amma sanoi. "Ehkä voit rukoilla Jumalaa: 'Tee minusta seuraavassa elämässä delfiini!'

Jälleen raikui nauru, mutta mies esitti vastalauseensa.

"Tarkoitus on vapautua *vasanasta* (riippuvuudesta). Sitä minä haluan."

Nähdessään hänen vilpittömän toiveensa saada apua Amman myötätunto alkoi virrata.

"Ei. Toteuttamalla *vasanan*, se ei koskaan pääty. Sitä seuraava takertumattomuus on vain *smashana vairagyaa* (hautausmaatakertumattomuutta, joka on seurausta siitä että ollut hautausmaalla), jota koemme kun rakas vaimo kuolee, silloin mies saattaa sanoa, että en enää koskaan mene naimisiin, mutta jonkun ajan kuluttua hän menee jälleen naimisiin."

Amma sanoi sitten miehelle, että jos hän tutkisi reitin ja sen kaikki mahdolliset ongelmat kunnolla, ja jos hänen halunsa olisi edelleenkin todella voimakas, hän voisi tehdä matkan. Mutta Amma ihmetteli, mikä hänen mielestään olisi niin erityistä tuossa matkassa. Amman kysyessä sitä, mies tunnusti, ettei hän tiennyt. Amma sanoi hänelle, että matkan aikana hänen tulisi tarkkailla jatkuvasti mieltään ja pohtia asiaa. Hän kehotti miestä jakamaan matkan osiin, ja tarkkailemaan miten hänen mielensä reagoisi ensimmäisen osan toteutettuaan. Samalla tavoin tulisi tehdä toisen ja kolmannen osion jälkeen.

"Joka kerran kun saat yhden osan matkasta päätökseen, tarkkaile mieltäsi. Pohdi säilyykö toiveesi jatkaa matkaa. Jos haluat jatkaa, tee niin. Mutta sen jälkeen, kun olet tehnyt kolmannen osion matkasta, ja jos halusi on edelleen olemassa, sinun olisi oivallettava, ettei se tule koskaan päättymään. Tässä vaiheessa, sinun tulisi pysähtyä."

Amma esitti nyt iltapäivän kenties syvällisimmän huomion: "Se ponnistus, jonka laitat matkaan, voisit suunnata köyhien auttamiseen – ruoan ja vaatteiden ostamiseen heille ja heidän koulutuksestaan huolehtimiseen. Tarkkaile itsessäsi sitä, onko sinun halusi purjehtia vain oman mielesi tuhmuutta."

Amman neuvo tälle onnettomalle purjehtijalle pätee myös meidän haluihimme. Emme voi koskaan saada niitä loppumaan nauttimalla niistä, ja jos tukahdutamme ne, ne nousevat eteemme kuin tiukasti kierretty jousi. Halujemme tukahduttamisen sijaan, meidän tulisi vaalia jaloja ajatuksia ja tekoja. Sillä tavoin halut putoavat omia aikojaan pois.

Puranoissa[1] on kaunis tarina. Eräänä päivänä Kubera (vaurauden jumala) ja Shivan oppilas ajatteli: 'Herra on omaksunut kerjäläisen hahmon. Kun ihmisistä on tulossa päivä päivältä yhä itsekkäämpiä, kuinka paljon Herra kykenee keräämään almuja, jonka turvin Hänen on huolehdittava koko maailmasta? Kun Herra asettaa maailman perheensä edelle, hänen poikansa Ganesha ei ehkä saa tarpeeksi syödäkseen.' Ajatellen tähän tapaan Kubera kutsui elefanttijumala Ganeshan juhla-aterialle. Ganesha saapui Kuberan palatsiin ja näki valtavan aterian edessään. Kubera opasti häntä sanoen: "Rakas Ganesha, ota niin paljon kuin haluat. Syö vatsasi täyteen!"

Ennen kuin Kubera huomasikaan, Ganesha oli syönyt koko illallisen, mitään ei ollut jäänyt jäljelle. Nälissään Ganesha alkoi syödä lautasia, lusikoita ja haarukoita, ja jopa pöydän. Kun Hän oli syönyt kaiken huoneessa olevan, hän suuntasi katseensa Kuberaan. Ganesha katsoi häntä sillä tavoin, että häntä alkoi äkkiä pelottaa. Kubera kääntyi kannoillaan, mutta Ganesha ryhtyi ajamaan häntä takaa. Kubera juoksi niin lujaa kuin kykeni etsien lopulta turvaa Ganeshan isän, Shivan luota. Hän piiloutui Shivan taakse. Ganesha ryntäsi suoraan sinne, missä he seisoivat. Viime hetkellä Shiva ojensi käsivartensa, pitäen kämmenellään yhtä riisimuroa. Ganesha seisahtui, poimi riisimuron kärsällään ja laittoi sen suuhunsa. Samassa hänen nälkänsä katosi.

Vaikka meistä voi tuntuakin siltä, että tyytymättömyyden tunne – jatkuva tunne jonkin puuttumisesta – on olemassaolomme kirous, niin tosiasiassa se on arvokas lahja Jumalalta. Jos tutkimme vilpittömästi, puhtaalla mielellä, tulemme näkemään, että kaikki meidän halumme ja kaikki iskut, turhautumisen tunteet ja suru, jota joudumme kokemaan pyrkiessämme tyydyttämään ne, saavat meidät suuntautumaan kohti Jumalaa. Niin kuin

[1] *Puranat* ovat Intian kertomakirjallisuutta.

1700-luvulla elänyt kristillinen munkki Jean Pierre de Caussade kirjoitti: "Jumala ei ohjaa meitä ajatusten kautta... vaan tuskan ja vastakohtien kautta." Ganesha edustaa itse asiassa meistä jokaista ja kuninkaan juhla-ateria edustaa kokemuksiamme ja maailman nautintoja. Tarina kertoo meille, että se puutos jota tunnemme sisällämme – tyytymättömyys, levottomuus – ei tule koskaan täytettyä maailman kohteilla. Shiva edustaa tässä gurua, jonka yksi sana, katse tai kosketus voi lahjoittaa meille täyttymyksen.[2] Riisimuro ei voi enää itää, samalla tavoin gurun opetukset saavat syntymisen ja kuoleman kiertokulun päättymään. Vain gurun ohjauksessa voimme oivaltaa ykseytemme Jumalan kanssa, jolloin nälkämme lopulta katoaa ja tunnemme todellisen rauhan ja täyttymyksen.

---

[2] Shivaa pidetään ensimmäisenä guruna.

LUKU 9

Kuoleman jälkeinen elämä

Kuolema ei merkitse loppua, se on kuin piste lauseen lopussa.
Se merkitsee uuden elämän alkua.

– Amma

Joitakin vuosia sitten länsimainen nainen tuli kahden pienen lapsensa kanssa asettuakseen elämään ashramiin. Lapset tunsivat luonnollisesti vetovoimaa Ammaa kohtaan ja kiintyivät häneen, viettäen jopa tunteja päivittäin Amman huoneessa sen jälkeen, kun päivän darshan oli päättynyt. Toisella pojista oli erityisen läheinen suhde Ammaan ja Amma tapasi katsoa rakkaudella häntä silmiin ikuisuudelta tuntuvan ajan. Poika ei koskaan säikkynyt Amman seuraa eikä edes räpäyttänyt silmiään, kun Amma katsoi häntä. Pojan kautta myös äiti kiintyi kovasti Ammaan. Kun he olivat olleet ashramissa joitakin vuosia, he joutuivat lähtemään ashramista perheongelmien vuoksi ainakin muutamaksi kuukaudeksi. Amma neuvoi suunniltaan olevaa äitiä selvittämään ongelmat ja palaamaan niin pian kuin mahdollista, mutta äiti oli lohduton. Hän oli niin kiintynyt Ammaan ja ashramiin, ettei hän voinut kestää ajatusta poislähtemisestä, ei edes lyhyeksi ajaksi.

Ajan myötä kävi ilmi, että vähintäänkin lyhyt matka kotimaahan ei ollut enää vältettävissä. Niinpä äiti ja kaksi poikaa varasivat lennon kotiin, luvaten palata niin pian kuin mahdollista. Muutamia päiviä heidän lähtönsä jälkeen saimme kuulla traagisen uutisen, että samana päivänä, jolloin he olivat saapuneet kotimaahansa, poikien äiti oli saanut sydänkohtauksen ja kuollut. Ammalle kerrottiin tästä aamudarshanin aikana. Hän kyynelehti darshanin loppuun asti ja aina aika ajoin seuraavien päivien aikana. Aina kun hän kyynelehti, hän puhui siitä kauheasta ahdistuksesta, jota kahden pojan täytyi tuntea. Vaikka Amma sanoikin aina, että menehtyneen omaiset tarvitsevat eniten meidän rukouksiamme, ihmettelin miksi Amma ei sanonut enempää kuolleesta äidistä. Kun näin orvoiksi jääneet pojat seuraavan kerran, sain vastauksen.

Se tapahtui Amman ulkomaan kiertueen aikana. Amma piti pitkään molempia poikia sylissään, suukottaen heitä otsalle, silittäen heidän hiuksiaan ja taputtaen heitä selkään. Vanhemmalla pojalla oli kysymys Ammalle: "Minne meidän äitimme on mennyt?"

"Teidän äitinne on minun kanssani", Amma sanoi heille. "Hän on ikuisesti sulautunut minuun."

Tulkkasin Ammaa tuolla hetkellä ja kun käänsin hänen sanansa tarkasti, muistin samalla pyhien kirjojen sanovan: "Vapautus on seurausta *jnanasta*."[1] Ajattelin mielessäni, että tämä nainen ei näyttänyt *jnanilta* (häneltä, joka on saavuttanut *jnanan*). Samalla hetkellä muistin tarinan, jonka olin kertonut *Ultimate Success* –kirjassani, siitä miten Amma oli antanut vapautuksen yhdelle perheen vuohista ollessaan vielä nuori tyttö. Muistin myös, että 1900-luvulla elänyt mahatma Ramana Maharshi antoi *muktin* (vapautuksen) sekä äidilleen että lehmälle, joka asui ashramissa, joista kumpikaan ei ollut saavuttanut *jnanaa* ennen kuolemaansa. Tavallisten ihmisten kohdalla pyhien kirjoitusten toteamukset pätevät: emme voi saavuttaa vapautumista oivaltamatta todellista Itseä ennen kuoleman hetkeä. Mutta pyhät kirjoitukset eivät sido Amman kaltaisia *mahatmoja,* heille kaikki on mahdollista. Kerran eräs mies tuli ystävienä kanssa Tamil Nadusta tapaamaan

---

[1] *Jnana* tarkoittaa kirjaimellisesti 'tietoa'. Tässä tapauksessa *jnana* tarkoittaa tietoa omasta olemuksestamme Brahmanina, korkeimpana tietoisuutena.

Ammaa. Hän kysyi Ammalta darshanin aikana: "Voitko antaa minulle vapautuksen? Jos, niin ole hyvä ja anna minulle mantra." Amma sanoi: "Kyllä, mutta ei nyt... sinulla on vielä karmaa, joka sinun tulee kuluttaa tämän elämän aikana. Tule myöhemmin." Muutaman viikon kuluttua mies palasi ja pyysi Ammalta jälleen mantraa. Amma lupasi antaa hänelle, mutta mies ei tiennyt, että Amma antaa yleensä mantrat aina darshanin lopulla, niinpä mies lähti jäämättä odottamaan. Kun hän kolmannen kerran tuli tapaamaan Ammaa, hän sai lopulta mantran.

Koska hän oli liikeyrityksen kiireinen johtaja, hänellä ei ollut paljoakaan aikaa toistaa mantraa päivän aikana. Mutta sen sijaan, että hän olisi jättänyt Amman antaman *sadhanan* (henkisen harjoituksen) tekemättä, hän tapasi istua joka yö puolesta yöstä alkaen mantraansa toistamassa ja meditoimassa aikaiseen aamuun asti.

Sitten hän innostui järjestämään Amman ohjelmaa Tamil Nadussa olevaan kotikaupunkiinsa. Alkusoittona tapahtumalle yksi Amman brahmachareista meni sinne pitämään satsangia (luentoa) ja levittämään näin tietoisuutta Ammasta. Kun tämä Tamil Nadusta kotoisin oleva oppilas valmistautui esittelemään brahmacharin yleisölle, hän lausui mikrofoniin: "Om Amriteswaryai Namaha, Adi Parashakti, Amma, Akhilandeswaryai, Amriteswari..." (Minä kumarran Kuolemattomuuden Jumalattarelle, Korkeimmalle Alkuvoimalle, Äidille, Luomakunnan Jumalattarelle).

Lausuessaan hän alkoi huojua puolelta toiselle ja kaatui lopulta taaksepäin puhujakorokkeelta. Vaikutti siltä, että hän oli täyttynyt antaumuksella. Niinpä muutama vapaaehtoistyöntekijä, jotka seisoivat lähettyvillä, kiirehtivät auttamaan häntä. Kun he tulivat hänen luokseen, he huomasivat, että hän ei enää hengittänyt. He veivät hänet läheiseen sairaalaan, missä hänet todettiin kuolleeksi. Hän oli kuollut toistaen Amman nimeä.

Brahmachari, joka oli matkustanut tuohon ohjelmaan, soitti heti minulle ja pyysi minua kertomaan Ammalle. Tuohon aikaan brahmacharien tapana oli toistaa *Lalita Sahasranama* (Jumalallisen Äidin tuhat nimeä) rukoillen siten poislähteneen sielun puolesta. "Teidän rukouksenne eivät ole tarpeen, sillä hän on jo sulautunut päämäärään." Ymmärsin, että hän oli sulautunut Äärettömyyteen.

Molemmissa tilanteissa tiesin, että ei ollut minun asiani kysyä Ammalta näistä hänen lausunnoistaan, olenhan täysin tietämätön tällaisista asioista. Amma taas on osoittanut selkeästi, että hänellä on täydellinen ensikäden tieto kuoleman jälkeisestä elämästä.

Vuosia sitten Swami Purnamritananda Puri (silloin Br. Sreekumar) löysi Amman istumasta vanhan temppelin kuistilta,[2] missä hän kirjoitti nopeasti jotakin muistikirjaansa. Kun hän lähestyi, Amma kääntyi poispäin piilottaen sen mitä oli kirjoittanut ja sanoen tiukkaan äänensävyyn: "Poikani, älä tule nyt lähelleni."

Swami Purnamritananda totteli nöyrästi, mutta hänen uteliaisuutensa oli herännyt voimallisesti. Amma jatkoi keskittyneenä kirjoittamista yli kahden tunnin ajan täyttäen kaksi 80-sivuista muistikirjaa tekstillään. Nähtyään, että Amma lopulta näytti saavan työnsä valmiiksi, hän lähestyi tätä kysyen: "Amma, mitä sinä oikein kirjoitit?"

Vastaamatta Amma nousi äkisti ylös ja lähti vieden muistikirjat mennessään.

Muutamia kuukausia kului. Eräänä iltapäivänä Swami Purnamritananda siivosi Amman majaa, jolloin hän huomasi puisen laatikon sängyn alla. Hän avasi laatikon, ja siellä olivat

---

[2] Ashramin ensimmäinen temppeli ei ollut juuri sellaista vaatehuonetta suurempi, jonka sisälle voi astua. Se oli muutettu Amman perheen navetasta temppeliksi. Muistellessani noita aikoja on ihmeellistä ajatella, että Amma, jonka ohjelmat ovat nykyisin amfiteattereissa ja stadioneilla, on voinut antaa darshania noin pienessä paikassa.

ne samat muistikirjat, joihin Amma oli kirjoittanut muutamia kuukausia aiemmin. Hän avasi yhden kirjoista ja alkoi lukea. Hän oli ihmeissään. Selkeällä ja kauniilla kielellä Amma kuvasi maailmankaikkeuden salaisuuksia niin kuin ne olisivat kaikkien nähtävissä. Yhtäkkiä hän kuuli, että Amma oli lähestymässä kauempaa. Hän sulki kirjat nopeasti, laittoi ne takaisin laatikkoon ja työnsi sen takaisin hänen sänkynsä alle.

Swami Purnamritananda ei voinut koskaan unohtaa noiden muistikirjojen sisältöä ja joitakin vuosia myöhemmin, kun eräs oppilaista halusi julkaista kokoelman Amman opetuksia, hän meni Amman majaan, veti laatikon sängyn alta ja otti muistikirjat esille. Yhtäkkiä Amma ilmestyi jostakin ja nappasi kirjat hänen käsistään ja juoksi majasta takavesien äärelle. Hän katseli epäuskon vallassa miten Amma repi sivut irti muistikirjoista, paloitteli ne ja heitti ne takavesiin.

Kun Amma oli napannut kirjat hänen käsistään, joitakin sivuja oli kuitenkin jäänyt hänen käsiinsä. Noilla sivuilla Amma kuvasi sielun matkaa kuoleman jälkeen ennen kuin se syntyy jälleen uuteen aineelliseen kehoon.

Amma on sittemmin kuvannut sanallisesti saman tapahtumakulun useissa eri yhteyksissä. Amma sanoo, että kun keho tuhoutuu, sielu säilyy koskemattomana aivan samalla tavoin kuin sähkö jatkaa olemassaoloaan senkin jälkeen kun sähkölamppu on mennyt rikki. Kehoamme ympäröi hienonhieno aura, joka tallentaa kaiken niin kuin magnetofoninauhuri tallentaa kaiken mitä sanomme. Samalla tavoin aura tallentaa kaikki ajatuksemme, puheemme ja tekomme elämämme aikana. Kuoleman jälkeen tuo aura etenee ympäröivään maailmaan ilmapallon muotoisena vieden mukanaan *jivan* (yksilöllisen sielun). Sen jälkeen se kohoaa ilmakehässä niin kuin tupakansavu.

Sielut syntyvät uudelleen *karmansa* mukaisesti. Ne laskeutuvat maan päälle sateen tai lumen muodossa, sulautuvat ensin maahan ja tulevat sitten osaksi kasveja. Nämä kasvit puolestaan kasvattavat hedelmiä, vihanneksia ja jyviä. Kun ihmiset syövät niitä, sielu yhdistyy heidän vereensä. Verestä muodostuu siemennestettä ja siten sielu kulkeutuu munasoluun, joka muodostuu uudeksi ihmiskehoksi.

Toisaalta taas ne sielut, jotka ovat oivaltaneet Itsen, sulautuvat Äärettömyyteen kuoleman hetkellä niin kuin tippa sulautuu valtamereen tai niin kuin ilmapallo, joka puhkeaa, jolloin sen sisällä ollut ilma sulautuu ilmakehään. Tällaiset sielut eivät enää synny uudelleen.

Aivan niin kuin emme voi nähdä vedessä olevaa läpikuultavaa kristallia, emme myöskään voi nähdä sielua. Emme voi kuitenkaan sanoa, että se tarkoittaisi sitä, että sielua ei ole olemassa. Meidän silmäluomiemme sisäpuolella on monia bakteereita, mutta emme kykene näkemään niitäkään. Siinä missä fysiikka, kemia tai maantiede, myös henkisyys on tiede, joka on kehittynyt havaintojen ja todennetun kokemuksen kautta. Koska tutkimuksen kohde on hienosyisempi, myös käyttövälineet, joita käytetään henkisyyden tutkimukseen, ovat hienosyisempiä. Henkisten harjoitusten avulla puhdistamme sisäistä käyttövälinettämme. Siinä missä likainen peili ei voi heijastaa kohteita kirkkaasti, emme kykene näkemään hienosyistä todellisuutta silloin, kun sisäinen tutkimusvälineemme on ajatus- ja halupilvien peittämä. Kun olemme saavuttaneet *antahkarana-shuddhin* (sisäisen käyttövälineen puhtauden), totuus valkenee meille jumalallisessa loistossaan.

Amman kuvaus kuoleman jälkeisestä elämästä on täydellisen yhdenmukainen *Upanishadien* opetusten kanssa, vaikka hän ei olekaan koskaan opiskellut pyhiä kirjoituksia. On sanottu, että *Vedat*, joista *Upanishadit* muodostavat yhden osan, ovat Jumalan hengitystä. Mantrat, joista ne koostuvat, eivät ole kenenkään keksimiä vaan *rishien* (muinaisten näkijöiden) havaitsemia, ja ne ovat aina olleet olemassa hienoviritteisessä muodossa. Amman ei tarvinnut lukea pyhiä kirjoituksia, koska hänellä on riittävän hienosyinen näkökyky näiden totuuksien havaitsemiseen. Ammalle maailmankaikkeus on avoin kirja ja kaikki hänen keskustelunsa ovat *Upanishadeja*.

Saatamme ihmetellä miksi Amma repi muistikirjat. Yksin Amma tietää, mutta pohtiessani syytä siihen mieleeni muistuu tarina Shiva-jumalasta ja hänen toisesta pojastaan, Skandasta (Muruganista), joka oli opetellut kaikki *sanatana dharman* pyhät kirjoitukset ulkoa – ne ovat liian laajat, jotta ne voisi oppia yhden ihmiselämän aikana. Eräänä päivänä Shiva lähestyi poikaansa sanoen: "Sinä, jolla on perinpohjainen tieto pyhistä kirjoituksista, kaikista vedisistä tieteistä ja tunnet myös *jyotishin*, vedisen astrologian, kerro minulle tulevaisuudestani."

Skanda laati tottelevaisesti isälleen astrologisen kartan. Tutkittuaan sitä hetkisen, hän nosti katseensa ja sanoi: "Sinulla tulee olemaan kaksi vaimoa, ei nimeksikään omaisuutta ja tulet viettämään koko elämäsi kodittomana kerjäläisenä ilman paikkaa, jota voisit kutsua omaksesi."

Kuultuaan Skandan ennustuksen Shiva sanoi: "On totta, että osaat ennustaa tarkasti tulevan, mutta et osaa jakaa tuota tietoa oikealla tavalla muiden kanssa. Kuvatessasi jopa isäsi elämää, sait sen kuulostamaan häpeälliseltä. Mitä tuletkaan sanomaan tavalliselle ihmiselle? Sen sijaan, että esittäisit ennustuksesi myönteisessä valossa, sinä puhut vailla arvostelukykyä ja haavoitat toisia sanoillasi. Niinpä tästä lähtien, vaikka sinulla ja muilla jotka tutkivat jyotishin tiedettä, olisikin oikea tieto, syntymäaika ja -paikka sekä planeettojen oikeat asemat hyppysissänne, ette kykene ennustamaan mitään täydellisellä tarkkuudella."

Shiva otti näin pois ihmiskunnalta kyvyn ennustaa tulevaisuutta täydellisen tarkasti. Samalla tavoin minusta tuntuu, että Amma repi kirjoituksensa, koska hän ei halunnut antaa meille täyttä kuvaa siitä miten maailma toimii. Ehkä emme ole valmiita siihen. Tai ehkä kyse on siitä, niin kuin Amma ilmaisi asian kerran kertoessaan tarinaa prinssistä, joka halusi leikkiä sokeaa miestä. Hän kompasteli ympäriinsä side silmillään, etsien piilossa olevia ystäviään. Hän olisi voinut helposti poistaa siteen silmiltään tai kutsua ystäviään piilopaikoistaan, jos hän olisi tahtonut, olihan hän prinssi ja kaikkien tuli noudattaa hänen toiveitaan. Mutta silloin ilo olisi kadonnut leikistä.

LUKU 10

Henkisen DNA:n muuttaminen

Puhu tai toimi epäpuhtaalla mielellä
ja ongelmat seuraavat sinua
niin kuin perävaunut seuraavat niitä vetävää härkää.
Puhu tai toimi puhtaalla mielellä
ja onnellisuus seuraa sinua
niin kuin varjosi, vääjäämättä.

— Dhammapada

Me kaikki tiedämme, että tämän hetkinen kehollinen tilamme on seurausta DNA:sta, joka puolestaan periytyy esi-isiltämme. DNA:han eivät ulkoiset tekijät vaikuta, emmekä voi muuttaa sitä. Mutta ajattele, jos olisi mahdollista rakentaa uudelleen oma DNA:mme pidemmän ajan sisällä, askel kerrallaan, oman tahtomme avulla. Kehollinen olemuksemme muuttuisi ilmiselvästi. Tämä ei tietenkään ole mahdollista aineellisen DNA:n kohdalla, mutta se on mahdollista henkisen DNA:n kohdalla, jolla viitataan useista aiemmista elämistä kerääntyneeseen perittyyn karmaan, joka periytyy.

Mammuttipetäjän siemen saattaa painaa vain muutaman gramman ja silti se pitää sisällään mahdollisuuden 2500 tonnia painavaan puuhun. Siemen on syntynyt puun kokonaisuudesta; se on kirjaimellisesti sen ydinolemus pähkinänkuoressa. Vaikka istuttaisimme siemenen tuhannen vuoden kuluttua, sen DNA

määrittää sen, että siitä tulee ainoastaan ja vain mammuttipetäjä, ei banaanipuu.

Sama koskee karmaamme, henkistä DNA:ta. Meidän hienosyinen kehomme omaksuu niin ikään siemenmuodon kuolemamme hetkellä. Kun aika on kypsä, henkinen DNA:mme kantaa hedelmää aivan samalla tavoin kuin puun siemenen DNA muotoutuu ajan myötä puuksi.

Ihmisinä olemme oman kohtalomme arkkitehteja. Tämä on totta sekä yksilön tasolla että kollektiivisesti. Erään kansainvälisen kiertueen kysymys-vastaus-osion aikana nuori mies kysyi Ammalta: "Kaikkialla maailmassa alkuperäiskansat ja luonnonkulttuurit pyyhkäistään maan päältä. Miksi Jumala sallii tämän tapahtua?"

Vastauksessaan Amma sanoi, että Jumala ei ole pyyhkäissyt näitä kulttuureita pois vaan ihmiset. Jokainen meistä kantaa osavastuun siitä yhteiskunnasta, jossa elämme. Jumala on antanut meille erilaisia lahjoja ja voimaa toteuttaa erilaisia tekoja. Miten käytämme näitä lahjoja, riippuu meistä itsestämme. Voimme käyttää tulta keittämiseen tai talon polttamiseen. Jos käytämme tulen voimaa vahingollisiin tarkoituksiin, emme voi syyttää siitä tulta.

Olipa kerran vanhempi puuseppä, joka rakensi koko uransa ajan taloja, mutta hän ei tienannut koskaan tarpeeksi rahaa voidakseen ostaa itselleen talon. Hän halusi viettää enemmän aikaa lastenlastensa kanssa, niinpä hän päätti jäädä eläkkeelle.

Kun hän kertoi työnantajalleen suunnitelmistaan jättää talonrakentaminen, urakoitsija kysyi vanhalta puusepältä voisiko hän rakentaa vielä yhden talon henkilökohtaisena palveluksena. Puuseppä myöntyi, mutta oli helppo nähdä, että hänen sydämensä ei ollut enää hänen työssään. Hän teki työnsä kömpelösti ja käytti halpoja materiaaleja. Tämä oli huono tapa päättää ura.

SISÄISEN RAUHAN SALAISUUS

Lopulta puuseppä sai työnsä valmiiksi ja urakoitsija tuli tarkastamaan taloa. Hän näytti hämmästyneeltä nähdessään, että puuseppä oli tehnyt epätavallisen huonoa työnjälkeä, mutta hän ei sanonut mitään. Sen sijaan hän huokaisi surullisena ja ojensi etuoven avaimet puusepälle.

"Tämä on sinun talosi", urakoitsija sanoi. "Tämä on lahjani sinulle."

Ymmärtäen virheensä puusepän sydän murtui. Päätään riiputtaen hän otti avaimet uuteen kotiinsa. Jos puuseppä olisi tiennyt, että hän on rakentamassa itselleen kotia, hän olisi tehnyt työn suuremmalla antaumuksella ja huolella. Nyt se oli liian myöhäistä. Hän joutui elämään talossa, jonka hän oli itse rakentanut.

Samalla tavoin meidän tämän hetkinen elämämme on seurausta aiemmista ajatuksistamme, puheistamme ja teoistamme. Huominen on seurausta siitä minkälaisia valintoja teemme tänään. Tämä ei päde yksin tähän elämään vaan myös aiempiin ja tuleviin elämiimme. Jokaisella teolla, oli se sitten hyvä tai huono, on seurauksensa. Hyvällä teolla on myönteinen seurausvaikutus (jos vaikka autan jotakuta, joku auttaa minua jonakin päivänä) ja huono teko synnyttää huonon lopputuloksen, joko heti tai myöhemmin.

Aivan niin kuin maan vetovoiman laki, myös karman laki on tarkka ja horjumaton. Mutta mahatman sekä uskon ja pienten ponnisteluiden avulla voimme rakentaa henkisen DNA:mme uudelleen, jolloin voimme tehdä kohtalostamme suhteellisesti paremman kuin mitä se olisi ollut. Näin voimme välttää suuren kärsimyksen.

Eräs Amman seuraajista teki *sevaa* (epäitsekästä työtä) keittiössä Amman ohjelman aikana Tamil Nadussa. Kun hän kaatoi kuumaa vettä astiasta toiseen, hänen kätensä ote herpaantui ja vesi roiskahti hänen kädelleen. Hänen ihonsa meni heti rakkuloille. Saatuaan ensiapua hän meni kertomaan Ammalle mitä oli tapahtunut. Vaikka hän ei sanonutkaan sitä Ammalle tuolla hetkellä, häntä vaivasi se mitä oli tapahtunut. Hän ajatteli: 'Kuinka näin saattoi tapahtua, kun olin tekemässä sevaa Ammalle.'

Viikkoa myöhemmin kun Amma oli palannut Amritapuriin ja tämä oppilas oli palannut takaisin omaan työhönsä, hän sai puhelinsoiton vaimoltaan, joka oli suunniltaan. Tehtaassa, missä mies työskenteli, oli ollut räjähdys ja useita ihmisiä oli jouduttu viemään sairaalaan pahojen palovammojen takia. Vaimo oli saanut kuulla, että hänen miehensä oli ollut pahasti loukkaantuneitten joukossa ja hän halusi Amman siunauksen sille, että mies selviäisi. Pian sen jälkeen hänelle oli soitettu jälleen ja kerrottu, että hänen miehensä ei ollutkaan tehtaassa onnettomuuden sattuessa, sillä hän oli mennyt asioille. Saman niminen työtoveri oli viety sairaalaan.

Muutamia päiviä myöhemmin tämä oppilas tuli henkilökohtaisesti ilmaisemaan kiitollisuutensa Ammalle siitä, että hänet oli suojeltu onnettomuudelta. Hän koki, että vain Amman armosta hän ei ollut ollut tehtaassa onnettomuuden hetkellä.

"Miksi sinun olisi pitänyt polttaa itsesi nyt?" Amma kysyi häneltä ohimennen. "Etkö muista mitä tapahtui viime viikolla?"

Kuullessaan Amman sanat oppilas oli ihmeissään, oivaltaen että se pieni vahinko mikä oli sattunut hänelle viikkoa aiemmin sevaa tehdessä Amman ohjelmassa, oli ollut valeasussa oleva siunaus. Tällä tavoin Amma oli auttanut häntä poistamaan sen karman, jonka hän olisi muuten joutunut kohtaamaan tehtaan palon yhteydessä.

Kun minun *purvashrama*-sisareni[1] oli vielä kovin nuori, hän sairastui vakavasti reumaan. *Purvashrama*-vanhempani menivät

---

[1] Sen jälkeen, kun ryhtyy sanjaasiksi, ei enää kutsuta biologisia sukulaisia tavalliseen tapaan 'minun äidikseni', minun sisarekseni' ja niin edelleen, sillä sanjaasin tulee ylittää kaikenlaiset riippuvuudet ja velvollisuudet biologista perhettään kohtaan.

tapaamaan monia lääkäreitä, ja erilaisia lääkkeitä kokeiltiin, mutta mikään ei parantanut tätä sairautta. Niin kuin lähes kaikki vanhemmat Intiassa tekisivät, he menivät lopulta tapaamaan astrologia etsien siten henkistä parannuskeinoa. Tutustuttuaan sisareni horoskooppiin astrologi suositteli useita suurimittaisia tuliseremonioita, jotka edellyttivät, että vanhempieni oli palkattava kymmenen tai kaksitoista pappia ja lahjoittaa ilmaisia aterioita köyhille brahmiineille. Välittämättä korkeista kustannuksista vanhempani seurasivat astrologin ohjeita, ja neljän kuukauden kuluttua sisareni terveys palasi. Kymmenen vuoden kuluttua sairauden oireet kuitenkin uusiutuivat. Mutta siinä vaiheessa olimme tavanneet Amman. Siitä huolimatta vanhempani ajattelivat, että heidän olisi toistettava samat rituaalit uudelleen tyttärensä pelastamiseksi. Ainoa ero oli siinä, että pappien palkkaaminen ja laajojen seremonioiden järjestämisen hinta oli kohonnut.

Tässä vaiheessa sisareni ei ollut halukas osallistumaan rituaaleihin. Hän koki, että Amman armo voisi helposti parantaa hänet. Kun hän kertoi Ammalle ongelmastaan, Amma antoi hänelle mantran ja kehotti häntä toistamaan sitä joka ilta ja aamu kolmekymmentä minuuttia. Hän teki niin kuin Amma oli kehottanut, ja kuusi kuukautta myöhemmin hän oli jälleen terve.

Kirjoitukset sanovat, että on olemassa kolmenlaista *karmaa*. *Sanchita-karma* tarkoittaa kaiken karman kokonaisuutta kaikista edellisistä elämistämme. Se osa *sanchita-karmaa*, jonka koemme tässä elämässä, on nimeltää *prarabdha-karma* ja se on synnyttänyt tämän kertaisen elämämme. Olimme sitten miehiä tai naisia, kroonisesti sairaita tai terveitä kuin hevoset, saamme syödä

Kun sanjaasi viittaa biologiseen sukulaiseensa, hän tekee sen liittämällä mukaan sanan *purvashrama* (aiemman elämänvaiheen). Lukemisen helpottamiseksi tämä sana on kuitenkin poistettu kaikkialta muualta paitsi, kun ensimmäisen kerran viittaan biologisiin perheenjäseniini.

hopealusikalla tai asumme kaatopaikalla, nämä ja lukemattomat muut tekijät elämässämme johtuvat *prarabdha-karmastamme.* Tämä *prarabdha-karma* on se henkinen DNA, jonka tuomme mukanamme tähän elämään.

Kuvatakseen *prabdha-karmaa* Amma kertoo esimerkin kaksosista, jotka ovat syntyneet samasta kohdusta. Toisinaan voi sattua, että toinen heistä syntyy sokeana, kun taas toinen on täysin terve. Tämä ei johdu siitä, että Jumala toimisi tällä tavoin. Se johtuu heidän aiemmissa elämissä tekemistään teoista. Samaten heidän äitinsä ja isänsä *prarabdhaan* kuuluu se, että heille syntyy tällainen lapsi.

Kun elämme tätä elämää, emme ainoastaan käy läpi *prarabdha-karmaamme* vaan myös teemme uusia tekoja. Niiden tekojemme seuraukset, joita teemme tässä elämässämme, lisätään tilillemme ja sitä taas kutsutaan *agami-karmaksi.* Suuri osa tästä *agami-karmasta* kantaa hedelmää tässä elämässä. Loput lisätään *sanchita-karmaamme* kuolemamme jälkeen. Kun *prarabdha-karma* päättyy, keho kuolee.

Kehomme kuoleman jälkeen, osa meidän *sanchita-karmastamme* muodostaa seuraavan elämän *prarabdha-karman.* Tuossa uudessa elämässä luomme jälleen uutta *agami-karmaa* ja meidän pitää syntyä sovittamaan se. Tämä on *samsaraa,* syntymän ja kuoleman kiertokulkua. Kaikki olennot, jotka ovat tietämättömiä omasta todellisesta Itsestään, ovat tämän toistuvan kiertokulun vankeja.

Amma sanoo, että siinä missä on olemassa sellaisia fyysisiä lainalaisuuksia kuten maan vetovoiman laki ja kellumisen laki, on olemassa myös hienosyisiä henkisiä lainalaisuuksia. Karman laki on tällainen henkinen lainalaisuus. Ollessamme tietoisia maan vetovoiman laista, varomme että emme pudota mitään. Samalla tavoin, ollessamme tietoisia karman laista, olemme varovaisia jokaisen ajatuksen, sanan ja teon suhteen. Tällä tavoin voimme rakentaa henkisen DNA:mme uudelleen ja luoda itsellemme tulevaisuuden, joka on aina vain otollisempi henkiselle kehitykselle.

Kun Itse-oivallus saavutetaan, *agami-karma* ja *sanchita-karma* pyyhitään välittömästi pois, koska vapautettu sielu oivaltaa olevansa Atman (Itse), ikuinen tarkkailija. Vaikka istuisimme kuljettajan paikalla, emme voi ajaa, jos autossa ei ole polttoainetta. Toisaalta jos joudumme onnettomuuteen, emme voi syyttää siitä polttoainetta. Samalla tavoin, keho, mieli ja äly voivat toimia ainoastaan silloin, kun niiden taustalla on Atman (Itse), siitä huolimatta Atman ei itsessään tee mitään. Atman ei koskaan toimi eikä sen tähden kerää itselleen karmaa.

Koska Itse-oivalluksen saavuttanut samastuu Atmaniin (Itseen), mitä hyvänsä hän tekeekään saavutettuaan oivalluksen, ei synnytä hänelle *karmaa*. Oivallettuaan Itsen, vain se *prarabdha-karma*, joka liittyy tähän elämään jää jäljelle. Kun se on kulutettu loppuun, keho lakkaa toimimasta. Tällaisten vapautettujen sielujen kiertokulku syntymisen ja kuolemisen kehässä päättyy.[2]

Vaikka emme voisikaan saavuttaa vapautusta tässä elämässä, voimme kuitenkin välttää lisäämästä *sanchita-karmamme* taakkaa luomalla uutta *agami-karmaa*. Tämän johdosta meidän tulisi opetella toimimaan vapaana *kartrutva-bodhamista*, tunteesta että 'minä olen tekijä'. Helpoin tapa ylittää tämä tunne on asennoitua siten, että olemme Jumalan välikappaleita. Amma sanoo, että meidän tulisi nähdä itsemme kynänä jumalallisen kirjoittajan kädessä tai siveltimenä jumalallisen maalarin sormissa.

Niin pitkään kuin toimimme ajatellen, että 'minä olen tekijä' tai haluamme kokea ponnistelumme hedelmiä, jatkamme karman

---

[2] Hän voi kuitenkin päättää syntyä uudelleen siunatakseen siten maailmaa, auttaakseen kärsivää ihmiskuntaa ja ohjatakseen henkisiä etsijöitä kohden vapautusta. Amma sanoo aina, että hän on valmis syntymään kuinka monta kertaa tahansa lastensa tähden.

keräämistä. Karman ketju pitää meidät syntymisen ja kuolemisen kahleissa. Jos teemme toimemme uhrauksena Jumalalle, tekomme eivätkä niiden seurausvaikutukset sido meitä; kaikki kuuluu silloin Jumalalle. Emme tietenkään voi vahingoittaa toisia tai tehdä muita pahoja tekoja ja oikeuttaa niitä sanomalla, että 'minä en ole tekijä. Jumala tekee kaiken'. Kaikkien uskontojen pyhät tekstit kehottavat meitä olemaan aina rakastavia ja myötätuntoisia toisia kohtaan sekä käyttäytymään oikeudenmukaisella ja hyveellisellä tavalla. Jos toimimme Jumalan ohjeitten vastaisesti, emme voi syyttää Jumalaa siitä mitä me olemme tehneet.

Amma sanoo, että kun onnistumme, otamme siitä ansion itsellemme ja osoitamme nopeasti, että 'minä tein sen', 'minä sain sen aikaiseksi'. Kun ponnistuksemme epäonnistuvat, vaikka se johtuisi omasta virheestämme, osoitamme sormella vastakkaiseen suuntaan.

Kerran eräs vanhempi mies ajoi moottoritiellä, kun hänen puhelimensa soi. Soittaja oli hänen vaimonsa. Hän sanoi hätääntyneellä äänellä: "Henry, kuulin juuri uutisista, että moottoritietä ajaa auto väärään suuntaan. Kulta, ole varovainen!"

"En tiedä mistä he saavat nämä tietonsa", Henry sanoi. "Ei autoja ole vain yksi, vaan satoja!"

Saatamme ajatella, miksi minun pitäisi laskea kaikki Jumalan käsiin? Minun lahjani ja kykyni ovat mahdollistaneet sen, että olen menestynyt. Mutta juuri tällainen asenne sitoo meidät tekoihimme ja niiden tuloksiin.

Amman ashramissa moni työskentelee kovasti odottamatta mitään vastalahjaksi. Teemme monta tuntia työtä joka päivä saamatta siitä mitään palkkaa, ja olemme onnellisia saadessamme uhrata ponnistelumme Ammalle ja maailmalle. Nämä teot ovat kiitoksen ansaitsevia. Siitä huolimatta vaikka olemmekin tehneet tehtävämme omistautuen ja rakkaudella jotkut meistä saattavat kokea: 'Minä tein sen. Minä olen tehnyt niin paljon Ammalle'. Sen sijaan meidän tulisi kehittää itsessämme asennetta: 'Mitä hyvänsä teenkin, teen sen Jumalan antamalla voimalla'. Tällä tavoin voimme saada täyden hyödyn epäitsekkäästä teostamme. Sen sijaan että pääsisimme taivaaseen, voimme poistaa egomme ja mennä siten hyvän ja huonon, taivaan ja helvetin tuolle puolen ja saavuttaa mielen puhtauden, joka on välttämätön edellytys lopullisen vapautuksen saavuttamiselle.

Menneinä aikoina eli hyvä ja voimakas hallitsija nimeltään Mahabali, joka oli valloittanut kaikki maailmat sekä taivaan. Hänen hallintonsa oli varsinaista kulta-aikaa, ja hänen alamaisensa olivat onnellisia ja tyytyväisiä. Heidän elämässään ei ollut huolia.

Kun Amma muistelee omia lapsuuden aikojaan ja Onam-juhlia, hän kertoo siitä miten 50-60 perheen lapset kokoontuivat kylän aukiolle, minne oli rakennettu suuri keinu ja missä he lauloivat Mahabalille tähän tapaan:

mavēli nāṭuvānītum kālam
mānuṣarellārūm onnupōle

Kun Mahabali hallitsi maata, koko ihmiskunta oli yhtä.

Vaikka Mahabali olikin tehnyt paljon hyvää ja hänen valtakuntansa oli rauhallinen, oli hän myös ylpeä saavutuksistaan. Muuttaakseen hänen asenteensa siten, että se ei olisi esteenä hänen henkiselle kehitykselleen, Vishnu-jumala päätti puuttua tapahtumien kulkuun. Hän omaksui nuoren brahmacharin, Vamanan hahmon ja vieraili sitten hallitsijan luona. Kun vieras saapuu, hindu-perinteeseen kuuluu, että häntä kunnioitetaan Jumalana, jotta hän voi lähteä tyytyväisenä. Kun tämä pienikokoinen poika saapui Mahabalin palatsiin, hallitsija tiedusteli mitä hän haluaisi. Vamana vastasi:

"Haluaisin kolmen askelmani verran maata, jotta voisin harjoittaa itsekuriharjoituksia siellä."

Hallitsija ajatteli ylpeänä: 'Mitä kolmen askeleen verran maata merkitseekään minulle, joka hallitsen monia maailmoja?' Hän katsoi tätä alentuvasti ja sanoi: "Siinäkö kaikki mitä haluat? Voisin antaa sinulle kolme maata!"

"Ei", vastasi Vamana. "Kolmen askeleen verran maata riittää minulle."

Nyökäten halveksivasti Mahabali sanoi: "Olkoon niin. Minä annan sinulle kolmen askeleen verran maata. Ota ne!"

Sillä hetkellä Vamana-poika alkoi kasvaa kooltaan. Hän kasvoi ja kasvoi, kunnes hänen päänsä, hänen olkapäänsä ja lopulta koko hänen kehonsa ulottuivat pilvien tuolle puolen. Ensimmäisellä askeleellaan hän harppasi maan yli ja toisella askeleella taivaan yli. Sitten hänen äänensä jyrisi korkeuksista: "Teidän majesteettinne, minne asetan kolmannen askeleeni?"

Oivaltaen, että hänen edessään seisoi jumalallinen inkarnaatio, suuri majesteetti kumarsi syvään ja sanoi: "Oi Herra, olkaa hyvä ja asettakaa jalkanne minun pääni päälle."

Vaikka tarina on kerrottu tässä vain lyhyesti, se pitää sisällään paljon henkistä vertauskuvallisuutta. Ensimmäisellä askeleella Vishnu-jumala vei Mahabhalilta koko maailman tuhoten siten hallitsijan *mamakaran* eli 'minun' tunteen, joka ilmeni samastumisena valtakuntaan.

Mahabhali oli saavuttanut upeita asioita. Hänet tunnustettiin yhtenä maailmanhistorian oikeudenmukaisimpana ja suurimpana, hyvää tekevänä hallitsijana, siksi hän oli saavuttanut paljon ansioita. Mutta pitäessään itseään tekojensa tekijänä ja valtansa lähteenä Mahabhali elätteli itsessään suurta ylpeydentunnetta. Sen tähden hän sitoi itsensä omiin tekoihinsa ja niiden seurausvaikutuksiin. Niin kauan kuin hänellä oli asenne, että hän oli tekijä, hän joutuisi syntymään yhä uudelleen ja uudelleen kuluttaakseen karmansa, jota hän synnytti näin itselleen. Vaikka se olisikin hyvää karmaa, joka sallisi Mahabalin syntyä korkeampiin maailmoihin, se ei vapauttaisi häntä syntymisen ja kuolemisen ketjusta. Ottaessaan toisen askeleensa taivaiden yli Vishnu mitätöi hänen ansionsa. Hallitsijan ei enää tarvitsisi kuluttaa hyvää karmaansa syntymällä korkeampiin maailmoihin, mikä on täynnä väliaikaisia nautintoja. Hän voisi näin ollen sulautua äärettömyyteen välittömästi.

Kolmannella askeleella, jonka Vishnu asetti kuninkaan päälaelle, hän tuhosi kuninkaan egon, *ahamkaran*, ja näin Mahabali saavutti vapautuksen.

LUKU 11

Auttamisesta ja uhrautumisesta

*Miten pieni kynttilä lähettääkään säteitään! Niin loistaa
hyvä teko uupuneiden maailmassa.*

— William Shakespeare

Sain kuulla joitakin aikoja sitten tarinan pienestä tytöstä, jolla
oli harvinainen ja vakava sairaus. Hänen ainoa mahdollisuu-
tensa toipua oli siinä, että hän saisi verensiirron viisivuotiaalta
veljeltään, joka oli nipin napin selvinnyt samasta taudista vuotta
aiemmin. Hänen kehonsa oli kehittänyt sen aikana antibiootteja,
joita tarvittiin sairauden voittamiseen.

Lääkäri selitti tilanteen tytön veljelle ja kysyi halusiko pieni
poika antaa verensä sisarelleen. Poika epäröi vain hetken, huokaisi
ja sanoi sitten: "Kyllä. Se pelastaa sisareni. Olen valmis siihen."

Kun verensiirto oli meneillään, poika makasi sängyssä sisa-
rensa vieressä ja hymyili. Myös muut perheenjäsenet hymyilivät
nähdessään värin palaavan tytön poskille. Vähitellen pojan kasvot
tulivat kuitenkin harmaiksi ja hänen hymynsä hyytyi. Hän katsoi
lääkäriä ja kysyi vavahtavalla äänellä: "Kuolenko minä heti?"

Pieni poika oli ymmärtänyt lääkärin väärin, hän luuli että
hänen tulisi antaa kaikki verensä sisarelleen pelastaakseen hänet.
Tämän pienen pojan viaton asenne, hänen valmiutensa antaa
oma elämänsä sisarensa puolesta, on hyvin harvinainen tämän
päivän maailmassa. Vaikka monet ihmiset tekevätkin hyviä tekoja,

on vaikeaa löytää jotakuta joka harjoittaa hyväntekeväisyyttä puhtaalla sydämellä.

Kun Amma oli nuori, hän näki kerran veljensä antavan vaatteita köyhälle miehelle, mutta sen sijaan, että olisi ojentanut vaatteet, hän heitti ne hänelle. Kun hänen perheensä antoi ruokaa todella köyhille (joita pidettiin siihen aikaan kastittomina), he laittoivat ruoan maahan ja menivät pois. Hänen perheensä tiesi, että saadakseen osakseen Jumalan armon, tuli palvella köyhiä, mutta he eivät ymmärtäneet mihin se perustui. Kun he näkivät Amman kylvettävän köyhiä, syöttävän heitä ja lohduttavan heitä omin käsin, he olivat järkyttyneitä ja kauhistuneita. Amma auttoi heitä hiljalleen ymmärtämään mihin tällainen auttaminen oikein perustui. Köyhien auttaminen on palvelus Jumalalle, sillä Jumala on köyhissä, Jumala on kaikkialla. Nyt Amman perheenjäsenistä on tullut hänen oppilaitaan ja monet heistä tekevät epäitsekästä palvelutyötä ashramin hyväntekeväisyyslaitoksissa.

Taittiriya Upanishad kuvaavat oikeaa asennetta, jolla hyväntekeväisyyttä tulee harjoittaa, jotta saisi osakseen suurimman armon ja ansion.

śraddhayā deyam, aśraddhayā-deyam
śriyā deyam hriyā deyam
bhiyā deyam, saṁvidā deyam

Lahjat tulee antaa uskoen, ei koskaan vailla uskoa.
Lahjoja tulee antaa runsaasti, nöyrästi ja vapaana pelosta.
Lahjoja tulee antaa ymmärtäen.

(1.11.15)

Auttaminen uskoon perustuen tarkoittaa tässä sitä, että meidän hyväntekeväisyytemme taustalla tulisi olla usko. Meidän ei tulisi antaa velvollisuuden tunteesta vaan koska uskomme sydämessämme,

110

että on oikein tehdä niin. Meidän pitäisi antaa vaatimattomina eikä olla ylimielisiä, koska kykenemme antamaan. Muistakaamme aina, että on olemassa heitä, jotka kykenevät antamaan enemmän kuin me ja että tosiasiassa kaikki kuuluu Jumalalle; mahdollisuus palvella on Jumalan antama arvokas lahja. Vaikka Amma on tehnyt niin paljon maailman hyväksi, silti hän sanoo nöyrästi: "Jumala yksin tekee kaiken tämän. Minä en tee mitään. Jos Jumala antaa minulle voimaa, minä voin toimia."

Mitä tarkoittaa se, että me annamme pelosta? Meidän tulee aina tarkkailla egoamme. Jos teemme hyvän teon, tunnemme helposti ylpeyttä siitä ja siten voimistamme egoamme. Niinpä teot, joita olemme tehneet pienentääksemme egoamme, voimistavatkin sitä.

Samvida deyam voidaan ymmärtää eri tavoin. Sen voi ymmärtää tarkoittavan että käytämme erottelukykyämme varmistaaksemme, että lahjoituksemme menee sen ansaitsevalle ihmiselle, joka tulee käyttämään sen oikealla tavalla. Sen voi myös ymmärtää tarkoittavan, että lahjoitamme käyttäen *jnanaa*, tietoa siitä, että kaikki maailmankaikkeuden olennot ovat saman jumalallisen ydinolemuksen ilmentymiä ja että auttaessamme palvelemme Jumalaa.

Tavallinen käsityksemme hyväntekeväisyydestä ja auttamisesta on yleensä melko vääristynyt. Teemme hyvää ajatellen vastahakoisesti: 'Oi ei, *jälleen* minun pitää antaa jotakin.' Itse asiassa englanninkielisen sanan 'sacrifice' (uhraaminen) alkuperäinen merkitys on jotakin aivan muuta. Se tulee latinankielisestä sanasta *sacrificium*, mikä tarkoittaa 'pyhittämistä'. Tämä on tarkalleen ottaen uhrautumisen, auttamisen merkitys, uhraamalla jotakin Jumalalle, siitä tulee pyhää ja se palaa meille *prasadina*. [1]

---

[1] Kaikkea, mikä on uhrattu satgurulle tai Jumalalle ja jonka Hän on siunannut, kutsutaan prasadiksi.

Bhagavad-Gitasssa (3.15) Krishna sanoo Arjunalle, että uhraaminen on olennainen osa luomakuntaa. Se johtuu siitä, että me uhraamme aina jonkin asian toisen takia. Kyse on vain siitä uhraammeko alemman korkeammalle vain korkeamman alemmalle. Toimimme jokaisena päivänä oman elämämme temppelin ylipappina uhraten jokaisen ajatuksemme, sanamme ja tekomme jonkin päämäärän tai tavoitteen alttarille, oli se sitten ylevä tai alhainen. Tällä tavoin meidän inhimilliset ominaisuutemme, ja niiden myötä mahdollisuutemme saavuttaa sisäinen rauha, uhrataan hetkellisten saavutusten ja nautintojen takia.

Kerran eräs mies lähestyi sanjaasia kädet yhteen liitettyinä. "Swamiji", hän aloitti. "Esitän kunnioitukseni sinulle, sillä sinä olet uhrannut niin paljon."

Sanjaasi vastasi sanoen: "Itse asiassa minun pitäisi kumartaa sinulle, sillä sinun uhrauksesi on suurempi kuin minun."

"Miten se voisi olla mahdollista?" mies sanoi hämmästyneenä. "Minä elän mukavasti talossa perheeni kanssa ja mitä hyvänsä haluankin, kykenen hankkimaan sen helposti."

"On totta, että olen luopunut tämän maailman nautinnoista, mutta tein niin saavuttaakseni ikuisen rauhan, kun sinä taas olet uhrannut mielenrauhasi maallisen elämän ongelmien ja murheiden takia. Kumman uhraus on sen tähden suurempi?"

Jos tarkkailemme ja jäljittelemme Ammaa, opimme millä tavoin uhrata alempi ylemmälle eikä päinvastoin.

Muutamia vuosia sitten Chennain ohjelman aikana spitaalinen saapui Amman darshaniin. Kun Amma oli halannut häntä, joku lähellä olleista kysyi Ammalta, miten hän saattoi ottaa sellaisen riskin.

"Minä en voisi edes ajatella tekeväni niin", hän tunnusti Ammalle.

"Kun kohtaan tällaisen tilanteen," Amma selitti. "Kysyn itseltäni, elänkö itseäni vai maailmaa varten? Jos elän itseäni varten, minun ei tule tehdä niin. Mutta jos elän maailmaa varten, minun tulee tehdä niin."

(Tällaiset epäilykset eivät tietenkään nouse Amman mieleen, mutta hän ilmaisee asian näin antaakseen meille esimerkin, jolla voimme ymmärtää asian.) Tämä osoittaa Amman horjumattoman asenteen sen suhteen, että hän asettaa aina toisten tarpeet omiensa edelle.

Muistan toisenkin keskustelun, joka käytiin joitakin vuosia sitten Amman ashramissa Intiassa. Swami Jnanamritananda Puri oli alun perin vastuussa kirjapainosta, ja siten myös kuukausittain ilmestyvästä lehdestä. Sen lisäksi Amma pyysi häntä valvomaan kouluja jonkin aikaa sekä joitakin hyväntekeväisyyshankkeitakin. Näin hänen työmääränsä kasvoi aina

Vaikka hän ei valittanutkaan työmäärästään, useiden hankkeiden päivittäisistä asioista vastaaminen tarkoitti sitä, että hänen huomionsa suuntautui ulospäin suurimman osan päivästä samaan aikaan, kun hän tunsi sisäistä vetovoimaa sulkea huomionsa ulkoisesta maailmasta kokonaan. Kun hänellä oli tilaisuus jutella Amman kanssa, hän mainitsi tästä Ammalle.

"Haluan jättää kaiken väväksi aikaa, mennä yksinäiseen paikkaan ja uppoutua meditoimaan."

Kun Amma kuuli hänen sanansa, hänen kasvonsa kirkastuivat ja hän vastasi: "Tiedätkö, minustakin tuntuu joskus siltä! Mutta olen uhrannut jo kauan sitten tämän elämän koko maailmalle, joten minun omilla asioillani ei ole enää väliä. Ei ole enää mitään 'minää', jonka työtaakan voisi pudottaa pois tai 'minää', joka voisi istua syrjäisessä paikassa. Kaikki on maailmaa varten."

Amma samastui myötätuntoisesti swamin tuntoihin, mutta osoitti samalla miten mennä niiden tuolle puolen. Kuultuaan

Amman sanat hän tunsi uutta intoa jatkaa velvollisuuksiensa hoitamista antaumuksellisella asenteella.

Amma arvostaa suuresti lastensa maailman hyväksi tekemiä uhrauksia. "Meidän tulisi kirjoittaa kirja jokaisesta lapsestani", hän sanoi kerran. "Jonkun tulisi tehdä dokumenttielokuva Amman opetuslapsista ja oppilaista Intiassa ja ulkomailla, jotka työskentelevät väsymättä toisten hyväksi. Sellainen dokumenttielokuva innostaisi tulevaisuuden sukupolvia."

Amma sanoo: "Meidän tulisi olla kuin kynttilöitä, jotka antavat valoa maailmalle samalla, kun ne itse sulavat ja palavat pois."

Kun kynttilän vaha palaa, se ei sula olemattomiin vaan siitä tulee polttoainetta liekille. Ilman nestemäistä vahaa liekki ei voisi olla olemassa, vaha muuntuu hienompaan tilaan, jolloin siitä tulee osa liekkiä. Aivan niin kuin kynttilä sulautuu liekkiin, samalla tavoin mielen toiminta huipentuu Jumalaan sulautumiseen.

Amma sanoo: "Todelliset henkiset etsijät haluavat palvella toisia uhrautuen. Heidän päämääränään on sellainen mieli, että he voivat antaa iloa toisille ja unohtaa samalla omat ponnistuksensa. He rukoilevat sitä. Amma odottaa sellaisia yksilöitä. Vapautus etsii heitä ja odottaa heitä niin kuin palvelustyttö."

Jos haluamme tietää mitä on todellinen uhraaminen, meidän ei tarvitse etsiä sitä Amman esimerkkiä kauempaa. Amma on uhrautumisen ja palvelun pohjantähti, joka osoittaa meille sekä suunnan että päämäärän. Amma on tehnyt ennätyksen, jota ei voi koskaan murtaa. Amma työskentelee usein päivässä kaksikymmentäneljä tuntia. Jos ei luoda pitempää päivää, kukaan ei voi tehdä enemmän kuin Amma maailman kohottamiseksi. Ja vaikka emme voi koskaan elää Amman esimerkin mukaisesti, voimme kuitenkin pitää häntä esimerkkinämme.

Eräänä yönä kun yksi brahmachareista ohitti Amman huoneen puoli neljän aikaan aamulla, hän huomasi että himmeä valo loisti yhdestä huoneen nurkasta. Kun hän seuraavana päivänä kysyi asiasta, Amman avustaja kertoi, että Amma oli lukenut koko yön oppilaiden eri puolilta maailmaa tulleita kirjeitä. Kun swamit olivat ilmaisseet huolensa siitä, että Amma valvoi liian pitkään eikä saanut lepoa, Amma oli käyttänyt taskulamppua kirjeitä lukiessaan, jotta emme näkisi valoa ja huomaisi, että hän oli yhä hereillä.

Amma asettaa aina oppilaidensa onnen etusijalle, jopa oman terveytensä ja mukavuutensa kustannuksella.

Kerran eräällä Intian kiertueella Amman ohjelmassa oli darshanin jälkeen vierailu oppilaan kotona. Koska väkijoukko oli suurempi kuin oli odotettu, Amma oli myöhässä useita tunteja ja isäntäväki joutuivat odottamaan pitkään. He olivat valmistaneet erikoisillallisen suurella rakkaudella Ammalle ja odottivat innokkaina, että hän maistaisi ruokia. Lopulta Amma saapui ja tehtyään lyhyen *pujan* (rituaalin), hän meni ruokahuoneeseen jakamaan *prasadia*. Isännät olivat laittaneet yhden astian syrjään, jossa oli Amman ruoka, mutta kun yksi brahmachareista avasi sen Ammaa varten, hän huomasi heti, että ruoka oli pilaantunut. Hän kuiskasi Ammalle: "Amma, tämä ruoka on pilaantunutta. Älä syö sitä!"

Amma viittasi häntä olemaan hiljaa ja ryhtyi syömään ruokaa suurella innolla tietäen kaiken aikaa, että se oli pilaantunutta ja että hän voisi tulla sen takia kipeäksi. Muutaman lusikallisen jälkeen hän sulki kannen ja sanoi: "Amma pitää tästä kovasti, niinpä hän ottaa sen mukaansa ja syö sen myöhemmin."

Sitten hän jakoi prasadina oppilalleen ruoan, joka oli tehty swameja varten ja joka ei ollut pilaantunut. Myöhemmin hän sanoi autossa: "On totta, että ruoka oli pilaantunutta, mutta jos isäntäväki olisi huomannut sen, he olisivat olleet todella pahoillaan. Amma otti sen mukaansa, jotta toiset eivät tulisi kipeäksi syömällä sitä."

Toukokuussa 2006 Ammalle myönnettiin James Park Mortonin uskontojen välinen palkinto Uskontojen välisessä keskuksessa New Yorkissa. Osana palkintoseremoniaa Amma piti puheen uskontojen välisestä ymmärryksestä ja yhteistyöstä.

Ennen kuin Amma lähti Intian ashramista osallistuakseen konferenssiin, hän piti kysymys-vastaus-tilaisuuden ashramin asukkaille. Amma antaa heille säännöllisesti mahdollisuuden hälventää epäilyksensä ja saada kuulla hänen opastustaan. Tuona nimenomaisena päivänä ashramin asukkaat halusivat kysyä vain yhtä asiaa. He halusivat, että Amma puhuisi palkinnosta, jonka hän tulisi saamaan New Yorkissa. Amman vastaus kertoo paljon hänen asenteestaan elämää kohtaan. Hän sanoi: "Amma ei ole ajatellut ollenkaan palkintoa. Amma ei mene New Yorkiin vastaanottamaan palkintoa vaan koska Uskontojen välinen keskus on pyytänyt häntä pitämään puheen." Ja Amma jatkoi sanoen: "Suurin palkinto, jonka Amma voi saada, on hänen lastensa onnellisuus. Amma ei halua mitään muuta palkintoa."

Suurin osa ashramin asukkaista keskitti huomionsa siihen, mitä Amma tulisi saamaan New Yorkissa, kun Amma taas keskitti huomionsa siihen mitä hän voisi antaa. Halu antaa on Amman elämän keskipiste. Amma sanoo: "Suurin osa ihmisistä on kiinnostunut vain siitä, mitä he voivat saada maailmasta. Kuitenkin se mitä me voimme antaa toisille, määrää meidän elämämme laadun."

LUKU 12

Vihasta myötätuntoon

Jokainen minuutti jonka olet vihainen, menetät kuusikymmentä sekuntia mielenrauhaasi.

– Ralph Waldo Emerson

Helmikuussa ja maaliskuussa 2006 Amma teki jälleen Intian kiertueen etelästä aina pohjoisimpiin osavaltioihin pitäen ohjelmia seitsemässätoista kaupungissa. On selvää, että kuka muu tahansa, joka olisi ollut Amman asemassa, olisi lentänyt ohjelmapaikkakunnalta toiseen ja käyttänyt ylimääräisen ajan lepäämiseen. Vuosien saatossa väkijoukot olivat tulleet entistä suuremmiksi, vetäen toisinaan satojatuhansia ihmisiä paikalle, jolloin aikaa matkustamiseen jäi rajoitetusti. Siitä huolimatta Amma halusi taittaa matkat autolla voidakseen antaa osan ajastaan ashramin asukkaille ja oppilaille, jotka seurasivat häntä kiertueella. Jotkut näistä uuvuttavista ajomatkoista kestivät kaksikymmentäneljä tuntia tai jopa enemmän, ja jotkut teistä olivat niin rosoisia, että näytti siltä kuin olisi ollut helpompi liikkua jalkaisin.

Kun erityisen pitkä ja vaativa ajomatka oli alkamassa, Amma ilmoitti haluavansa vierailla oppilaansa kotona, joka sijaitsi yli tunnin ajomatkan päässä ajoreitiltä. Tietoisena siitä, että Amma ei ollut levännyt eikä nukkunut yli kahteenkymmeneenneljään tuntiin, jotkut brahmacharit yrittivät suostutella, että Amma luopuisi tästä vierailusta. Kun he huomasivat, että Amma ei ollut suostuteltavissa, jotkut heistä olivat melko pettyneitä mieheen,

117

joka oli kutsunut Amman taloonsa ajatellen, että hän oli hyvin itsekäs, koska ei välittänyt siitä saiko Amma levättyä.

Kun Amma saapui hänen talolleen, hän istuutui perheen alttarin eteen suorittamaan *pujaa*, minkä jälkeen hän lauloi *bhajanin*. Mitä pidempään tilaisuus kesti, sitä vihaisemmaksi brahmacharit tulivat isäntää kohtaan. Kun Amma sai palvontamenot tehtyä, hän meni yhteen makuuhuoneista juttelemaan isännän ja hänen vaimonsa kanssa. Muutama brahmachari seurasi mukana. Ollessaan huoneessa heidän vihansa katosi välittömästi.

Kymmenen vuoden ikäinen poika makasi vuoteessa, hänen kehonsa oli kauhistuttavalla tavalla epämuodostunut. Hänen päänsä oli muodoton ja valtavan kokoinen hänen kehoonsa nähden. Hänen ruumiinjäsenensä olivat luiden ympärillä olevaa nahkaa, eikä niissä ollut lainkaan rasvaa tai lihaksia. Hänen kätensä olivat kääntyneet sisäänpäin siinä määrin, että ne olivat käyttökelvottomat. Hänen levottomat silmänsä olivat vain hieman raollaan, mutta koska hän ei hallinnut päätä ja niskaa eikä kyennyt kohdistamaan katsettaan, silmistä ei ollut hänelle paljoakaan apua. Kaikki hänen olemuksessaan näytti tuskalliselta. Hänen äitinsä polvistui hänen vierelleen ottaen hänet kainaloonsa. Tällöin poika alkoi kiljua. Hän ei kyennyt kohottamaan itse päätään ja jopa silloinkin kun häntä autettiin, se näytti tuottavan hänelle suurta tuskaa. Oli selvää, että vanhemmat eivät olisi voineet kuljettaa poikaansa ulos talosta, jotta hän olisi voinut vastaanottaa Amman darshanin.

Kenenkään silmät eivät säilyneet kuivina huoneessa. Äiti, isä, Amma ja jopa brahmacharit, jotka olivat olleet hetkeä aiemmin niin vihaisia, eivät kyenneet pidättämään kyyneleitään, kun Amma syleili lasta, silittäen hänen rintakehäänsä ja suukottaessaan hänen otsaansa. Lapsen hätä heijastui Amman silmissä syvänä huolenpitona ja myötätuntona.

"Minä olen rukoillut viimeiset kolme vuotta, että Amma tulisi siunaaman lapseni", pojan isä tunnusti kyyneleet poskillaan. "Me tunnemme rakkautta ja myötätuntoa ihmisiä kohtaan vain, kun koemme olevamme heidän tilanteessaan ja kun yritämme ymmärtää heidän ongelmiaan ja vaikeuksiaan", Amma sanoo usein. "Viha muuttuu myötätunnoksi, kun ymmärrämme tilanteen oikealla tavoin."

Satguru ei opeta opetuslapsiaan ainoastaan puhumalla vaan luo tilanteita, jotta opetuslapset voivat ymmärtää mestarin sanat omassa sydämessään. Tällaiset kokemukset eivät koskaan unohdu.

Amma sanoo, että kun jotkut tekevät virheitä, sen sijaan että tuomitsisimme tai valmistautuisimme rankaisemaan heitä, meidän pitäisi pyrkiä katsomaan tilannetta heidän näkökulmastaan ja yrittää ymmärtää mikä sai heidät toimimaan sillä tavoin. Amma kertoo seuraavan tarinan.

Kerran eräs nainen meni puistoon kahden lapsensa kanssa. Hän antoi lasten leikkiä istuessaan yksin puiston penkillä. Lapset olivat riemuissaan ja alkoivat juosta ympäriinsä meluten kovaäänisesti. Mies, joka myös vieraili puistossa, ärsyyntyi heidän käytöksestään. "Kuulehan, rouva," mies valitti lasten äidille. "Lapsesi häiritsevät niitä, jotka haluaisivat nauttia rauhasta ja hiljaisuudesta. Miksi et voi komentaa lapsiasi käyttäytymään."

Nainen ei vastannut hänen vuodatukseensa vaan jatkoi hiljaa istumistaan kasvot kämmeniinsä hautautuneina. Mies oli hieman hämmästynyt ja kysyi oliko kaikki hyvin. Lopulta nainen katsoi miestä, jolloin tämä näki kyynelvirrat hänen poskillaan.

"Muutamia minuutteja sitten minun mieheni, lasteni isä, kuoli onnettomuudessa matkustaessaan ulkomailla. En ymmärrä miten voisin kertoa uutisen lapsilleni tai millä tavoin voisin lohduttaa heitä. Tulin tänne kokoamaan itseni ja yrittäen miettiä millä tavoin voisin kertoa heille mitä on tapahtunut."

Kuultuaan tämän mies häpesi karkeita sanojaan ja pyysi anteeksi ymmärtämättömyyttään. Täynnä myötätuntoa hän pyrki nyt kaikin tavoin auttamaan leskeä ja hänen lapsiaan. Antaakseen äidille enemmän aikaa koota voimansa mies vei lapset nauttimaan jäätelöstä ennen kuin ajoi heidät kotiin. Vihastuminen ei ole toimintaa vaan reagoimista. Ei ole niinkään hankalaa välttää tekemästä jotakin, mutta reaktion voittaminen on paljon vaikeampaa ja vaatii syvällistä tiedostamista. Jos esimerkiksi seisot toisella puolella huonetta ja minä pyydän sinua tulemaan lähemmäksi, voit tulla, voit olla tulematta tai voit kävellä tiehesi. Niinpä meillä on kolme mahdollisuutta jokaisen toiminnan suhteen: toimia, olla toimimatta tai tehdä juuri päinvastoin. Tilanne ei kuitenkaan ole tällainen reaktion suhteen. Ilman syvällistä tiedostamista meillä ei ole minkäänlaista valinnan mahdollisuutta sen suhteen, miten reagoimme eri tilanteissa. Jos esimerkiksi pyydän kohteliaasti, että voisitko suuttua minulle, se ei olisi mahdollista. Jos taas huudan sinulle tai syytän sinua jostakin, jota et ole tehnyt, niin yleensä sinun on mahdotonta olla suuttumatta. Näin on koska vihastuminen ei ole teko, jonka teemme tahdonalaisesti, vaan reaktio. Se tapahtuu lähes automaattisesti. On olemassa pieni mahdollisuuden ikkuna, jonka avulla sen voi välttää. Henkiset harjoitukset avaavat tuon ikkunan kokonaan auki. Henkisten harjoitusten avulla voimme saavuttaa suuremman keskittymisen voiman, tämä puolestaan lisää tietoisuuttamme sekä sisällämme että ympärillämme ilmenevästä maailmassa. Perusteellisesti koulutettu taistelulajin harjoittaja kykenee helposti voittamaan vastustajansa, koska hänen laajemmasta tiedostamisentilastaan katsottuna, vastustaja näyttää liikkuvan hidastetusti. Samalla tavoin, kun harjoitamme säännöllisesti ja pidemmän aikaa meditaatiota sekä muita henkisiä harjoituksia, opimme huomaamaan jo heti ensimmäiset kielteisen

reaktion merkit itsessämme ja voimme käyttää erottelukykyämme
välttääksemme puhumasta tai toimimasta tällaisten kielteisten
tunteiden vallassa.

Joitakin vuosia sitten seisoin Amman lähellä, kun eräs vanhempi
nainen tuli hänen *darshaniinsa*. Sinä päivänä väkijoukko oli suuri,
minkä johdosta Amma antoi darshania hyvin nopeasti. Kun
tämän vanhemman naisen darshan oli ohi, hänellä oli vaikeuksia
nousta ylös ja tehdä tilaa seuraaville ihmisille, jotka olivat tulossa
darshaniin. Koska en halunnut, että Amma joutui odottamaan,
yritin auttaa naista nousemaan seisomaan ja liikkumaan Amman
luota, mutta kärsimättömyydessäni olin hieman kovakourainen
naista kohtaan. Amma pysähtyi hetkeksi, katsoi minua ja kysyi:
"Olisitko toiminut noin, jos kyseessä olisi ollut oma isoäitisi?"

En kyennyt vastaamaan vaan riiputin päätäni häpeästä.

Amma sanoo, että kun olemme vihaisia toiselle, meidän tulisi
muistaa että toisen Itse on lopulta sama kuin meidän Itse. Kun
tämä on tilanne, kuka on vihainen ja kenelle?

Isavasya Upanishadissa sanotaan:

yastu sarvāṇi bhutānyātmanyeva anupaśyati
sarvabhuteṣu cātmanam tato na vijugupsate

Hän joka näkee kaikki olennot omana Itsenään ja oman
Itsensä kaikissa olennoissa, ei voi tuon oivalluksensa
takia tuntea vihaa.

yasmin sarvāṇi bhutanyātmaivābhudvijānataḥ
tatra ko mohaḥ kaḥ śoka ekatvanupaśyataḥ

Hän joka on tullut tietämään kaikkien olentojen olevan
yhtä hänen oman Itsensä kanssa ja joka on nähnyt

kaiken olemassaolon ykseyden, kuinka suru tai harha-
luulo voisi saada hänet valtaansa?

(6,7)

Erään Intian kiertueen aikana Amma vieraili tietyssä kaupungissa
ensimmäistä kertaa. Vaikka se ei suinkaan ollut ensimmäinen
kerta, kun yli satatuhatta ihmistä osallistui Amman ohjelmaan, se
oli ensimmäinen kerta, kun he yrittivät tulla Amman darshaniin
samaan aikaan.

Koko darshanin ajan brahmacharien, brahmacharinien ja
oppilaiden, jotka matkustivat Amman kanssa, täytyi vartioida
lavan reunoja estääkseen ihmismassaa rynnistämästä sinne. Itse
asiassa tilanne oli sellainen, että Amman satsang ja bhajanit
myöhästyivät puoli tuntia yksinkertaisesti siksi, että kukaan ei
poistunut lavalta. Yhdessä vaiheessa darshania Amma itse nousi
seisomaan ja puhui mikrofoniin sanoen, että kenenkään ei tarvitsisi
olla huolissaan, hän kyllä halaisi jokaisen, mutta heidän tulisi olla
kärsivällisiä eikä tuuppia toisia. Myöhemmin Amma sanoi, että
yli kolmenkymmenen vuoden aikana, jolloin hän on antanut
darshania, mitään vastaavaa ei ole tapahtunut aiemmin.

Matkalla Amman seuraavaan ohjelmapaikkaan keskustelu
edellisen päivän darshanista jatkui. Eräs nainen selitti, että tietyssä
vaiheessa hän oli tarrautunut jonkun miehen paidan liepeeseen
estääkseen häntä menemästä lavalle, kunnes yhtäkkiä hän oli
huomannut pitelevänsä paitaa käsissään ilman miestä!

Tilanne oli niin hurja, että monet ihmiset sanoivat Ammalle,
että hänen ei tulisi koskaan enää palata tuohon paikkaan. Yksi
brahmachareista sanoi Ammalle, että hänellä oli ehdotus tuon
kaupungin ihmisten henkisen kehityksen edistämiseksi: "Amma,
minusta tuntuu että heille sopiva polku on antaumus", hän sanoi.
"Aivan niin kuin Vrindavanin gopien (lehmityttöjen) heidän tulee

122

viettää koko elämänsä kaivaten Herraansa palaamaan... mutta hän ei koskaan palaa."

Amma nauroi, mutta tarkoittaen että hän näki asian toisin. "Heillä oli antaumusta, mutta ei tietoa", Amma selitti. "Siellä missä on pimeyttä, siellä tarvitaan lisää valoa. Meidän pitäisi mennä sinne useammin!"

Siinä missä Amman kanssa matkustavat opetuslapset olivat syvästi kriittisiä näiden seuraajien käyttäytymisen suhteen, Amma kykeni asettumaan heidän asemaansa ja ymmärtämään heidän asennoitumistaan.

Amma sanoo aina, että viha on kyvyttömyyden osoitus. Siinä missä ruumiiltaan vammautunut kykenee liikkumaan vain vaivalloisesti, äkkipikainen ihminen ei kykene kommunikoimaan toisten kanssa vapaasti. Heidän temperamenttinsa leimahtaa aina ilmiliekkeihin ja myrkyttää heidän ihmissuhteensa. Toisinaan saatamme myös havaita, että ne joilla on pahoja kehollisia rajoituksia, saattavat olla jatkuvasti vihaisia. He eivät voi syyttää ketään kärsimyksestään, niinpä he ovat vihaisia Jumalalle. Toisinaan heidän vihansa on niin ylitsevuotavaa, että he eivät kykene toteuttamaan edes sitä, mihin he muuten pystyisivät rajoituksistaan huolimatta. Niinpä he ovat kaksikertaisesti kykenemättömiä: ensinnäkin ruumiinsa rajoituksista johtuen ja toiseksi vihansa tähden.

Ashramissa on poika, joka syntyi osittain kuurona. Sen lisäksi hänellä oli synnynnäinen sydänsairaus, joka teki hänelle koulunkäynnin vaikeaksi. Koko kouluajan hänen suorituksensa oli heikkoa, vaikka hän sai opinto-ohjausta ja häntä avustettiin kaikin tavoin, jotta hän olisi menestynyt. Hänen perheensä ja opinto-ohjaajansa otaksuivat vain, että hän ei ollut erityisen älykäs. Hän oli tosiasiassa täynnä katkeruutta siksi, että oli syntynyt vammaisena, minkä tähden hän ei ollut halukas yrittämään tarpeeksi voidakseen menestyä. Kun hän oli yhdentoista vuoden ikäinen, hänen perheensä tapasi Amman ja lopulta he päättivät muuttaa ashramiin. Amma osoitti hänelle paljon rakkautta rohkaisten häntä, mikä vahvisti hänen uskoaan Jumalaan. Nähdessään miten paljon Amma oli tehnyt hänen hyväkseen ja kuinka voimallisesti hän työskenteli tehdäkseen toiset onnelliseksi, hän lähestyi lopulta Ammaa ja kysyi voisiko hänkin tehdä jotakin sevaa (vapaaehtoistyötä) ashramille. Amma pyysi häntä auttamaan brahmacharia, joka oli vastuussa ashramin faxista ja kopiointikeskuksesta. Kun Amma itse antoi hänelle tämän tehtävän, hän otti sen vakavasti ja omistautui kokosydämisesti oppimaan miten laitteet ja tietokoneohjelmat toimivat voidakseen työskennellä siellä. Tällä hetkellä hän tietää tuosta työstä enemmän kuin se brahmachari, joka on vastuussa toimistosta ja brahmachari osoittaa kaikkein vaikeimmat työt tälle lahjakkaalle nuorelle miehelle. Työtään tehdessään hän on tekemisissä monien ashramin kansainvälisten vierailijoiden kanssa, ja hän on jopa oppinut käyttämään englannin kieltä äidinkielensä lisäksi.

Amma kertoo seuraavan tarinan.

Olipa kerran pieni tyttö, jonka jalat olivat halvaantuneet. Hänen kohtalonaan oli olla pyörätuolissa koko elämänsä ajan. Tämä pienellä tytöllä oli tapana katsella, kun toiset lapset leikkivät pihalla hänen kotinsa lähellä. Koska hän ei voinut liittyä heidän leikkeihinsä, hän tunsi itsensä aina kovin surulliseksi.

Eräänä päivä, kun tyttö katseli ulos ikkunasta, alkoi sataa samalla kun aurinko paistoi. Kaunis sateenkaari ilmestyi taivaalle ja pieni tyttö oli riemuissaan nähdessään sen. Hän jopa unohti oman surunsa ja tuskansa. Muutaman hetken kuluttua sateenkaari kuitenkin katosi. Tytön suru palasi ja hän toivoi, että sateenkaari tulisi takaisin.

Joka päivä hän katsoi taivaalle odottaen, mutta sateenkaari ei koskaan ilmestynyt. Lopulta tyttö kysyi äidiltään: "Äiti, koska voin nähdä sateenkaaren jälleen?"

Äiti lohdutti tytärtään sanoen: "Lapseni, kun sataa ja paistaa samaan aikaan, silloin sateenkaari ilmestyy."

Pieni tyttö jatkoi odottamistaan malttamattomana. Tehdessään näin hän unohti suuren osan kivustaan ja kärsimyksestään. Vaikka hän näki yhä lasten leikkivän läheisellä leikkikentällä, hän ei ollut enää surullinen omasta kyvyttömyydestään. Sen sijaan hän oli täynnä toivoa ja odotusta sateenkaaren ilmestymisestä pian uudelleen.

Lopulta koitti päivä, jolloin alkoi sataa auringon yhä paistaessa. Silloin sateenkaari ilmestyi jälleen. Pikkutyttö oli innoissaan. Hän halusi mennä niin lähelle sateenkaarta kuin vain mahdollista ja pyysi, että hänen äitinsä veisi hänet sateenkaaren luo. Äiti tiesi, että sateenkaari katoaisi pian. Hän ei kuitenkaan halunnut tuottaa pettymystä tyttärelleen. Niinpä he ajoivat katuja pitkin, ja lopulta äiti sanoi tyttärelleen: "Pysähdytään tähän. Tästä on kaunis näkymä."

Pikku tyttö tuijotti sateenkaarta ihastuneena. Sitten hän kysyi pehmeällä äänellään: "Oi sateenkaari, miten sinusta on tullut noin kaunis?"

Sateenkaari vastasi: "Minä olin aiemmin surullinen niin kuin sinä. Tunsin tuskaa sydämessäni nähdessäni ympärilläni toisten juhlivan, tietäen että saisin elää vain hetken. Mutta eräänä päivänä ajattelin itsekseni: 'Miksi minun pitäisi olla onneton? Miksi olisin surullinen? Vaikka ilmestynkin vain muutamien sekuntien ajaksi, voin käyttää tuon ajan tehdäkseni toiset onnellisiksi. Minun tulisi unohtaa oma suruni ja tehdä toisista onnellisia.' Kun tuo ajatus heräsi, minusta tuli aina vain kauniimpi. Pelkkä ajatus siitä, että voisin tehdä toisista onnellisia, teki minusta näin värikkään."

Puhuessaan tytölle sateenkaari alkoi samalla hiljalleen kadota. Kun se oli kokonaan kadonnut, pieni tyttö päätti: 'Sen sijaan, että olisin pahoillani itseni takia, aion tehdä parhaani tehdäkseni toisista onnellisia aivan niin kuin sateenkaari.'

Me voimme löytää monia syitä sille, että olisimme surullisia tai masentuneita. Sen sijaan, että murehtisimme omia ongelmiamme, miettikäämme mitä voisimme antaa maailmalle. Jos omaamme oikean asenteen ja saamme osaksemme Amman kaltaisen todellisen mestarin armon, voimme muuntaa sellaiset kielteiset tunteet kuten vihan, kaunan ja suuttumuksen rakkaudeksi ja myötätunnoksi.

LUKU 13

Suurin ihme on sydämen muutos

Jumala luo tyhjästä. Ihmeellistä, sanot. Kyllä, mutta Hän
tekee varmuudella jotakin vielä ihmeellisempää: Hän tekee
syntisistä pyhimyksiä.

– Søren Kierkegaard

Ennen kuin asetuimme asumaan Amman luo, oli monia asioita, joita emme olisi koskaan ajatelleet tekevämme. Yleensä perinteisessä intialaisessa taloudessa äiti ei salli poikansa tehdä taloustöitä. Emme koskaan kuvitelleet, että kantaisimme hiekkasäkkejä keskellä yötä, puhdistaisimme vessoja, joita sadat ihmiset ovat käyttäneet tai että seisoisimme reittä myöten ja paljain jaloin likakaivossa. Jos joku olisi tarjonnut meille ennen Amman luo tuloa omaisuuden, jotta tekisimme tällaisia asioita, emme olisi hyväksyneet tarjousta. Ja sitten yhtäkkiä huomaamme tekevämme näitä asioita ilolla. Amman läheisyydessä unohdamme kaiken ja ylitämme aiemmat ehdollistumamme.

Vaikka kokisimmekin vaikeuksia, silti monet oppilaat kykenevät luopumaan riippuvuuksistaan ruokaan tai muihin mukavuuksiin voidakseen elää Amman läheisyydessä. Sellaiset asiat, jotka olisivat muodostaneet suuren ongelman ennen Amman luo tuloa, eivät nyt vaikuta heihin lainkaan. Muistan erään tapahtuman Amman Intian kiertueelta, joka ilmentää dramaattisella tavalla tällaista asennoitumisen muutosta.

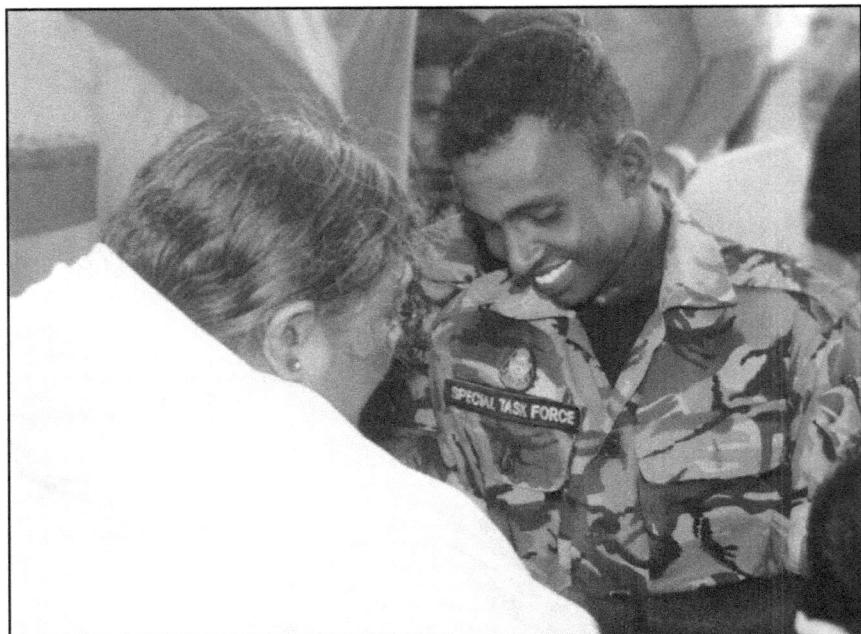

Kun Amma vieraili tsunamin jälkeen pelastusleirillä Sri Lankassa,
sekä Sri Lankan armeijan että LTTE:n edustajat tulivat hänen darshaniinsa.

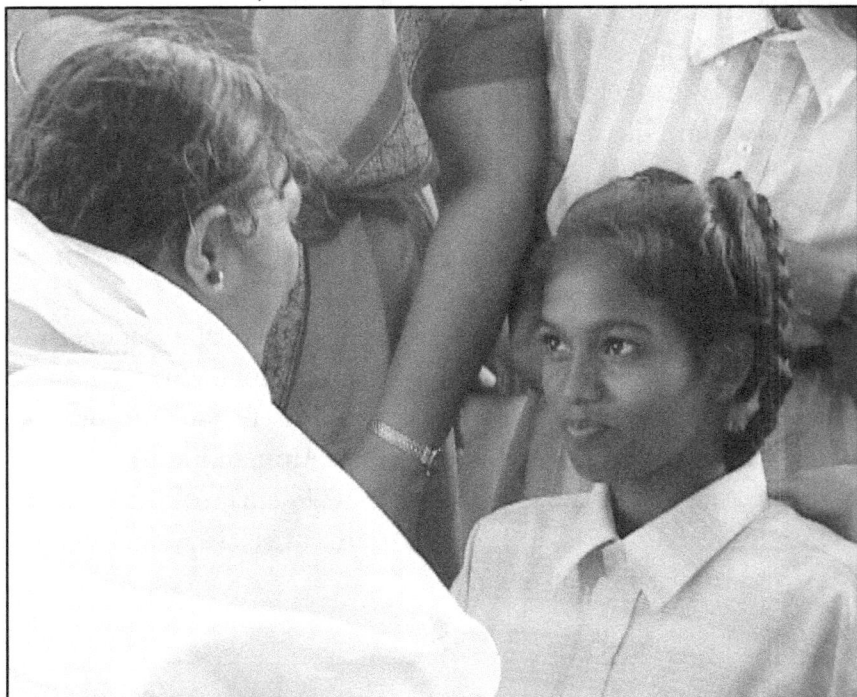

Vatsatautia aiheuttava virus levisi kiertueryhmän joukossa. Sen sai helposti parannettua lyhyellä antibioottikuurilla, mutta jos sen jätti hoitamatta, se aiheutti voimakkaan ripulin. Eräs mies jätti kertomatta oireistaan lääkärille ajatellen, että hänen tilansa varmaankin paranisi. Seuraavan bussimatkan aikana, kun hän oli poistumassa vessatauolle, hän menetti suolensa hallinnan. On sanomattakin selvää, että se oli hänelle hyvin nolo tilanne, mutta hänen toverinsa bussissa olivat kaikki myötätuntoisia häntä kohtaan. Muutaman miehen viedessä hänet syrjäiseen paikkaan siistiytymään, muut matkustajat odottivat bussissa. Olisi voinut kuvitella, että syntyy riitaa siitä, kuka siivoaa bussin. Bussinkuljettajako? Hän olisi varmastikin jättänyt paikkansa joutuessaan tekemään niin inhottavan työn. Kuka siis hoitaisi asian? Heittäisivätkö he kolikkoa, vetäisivät pitkää tikkua ja kutsuisivat siivouspalvelun paikalle?

Itse asiassa asiasta käytiin keskustelu, mutta koska bussi oli täynnä Amman seuraajia, väittelystä tuli aivan toisenlainen. Kaikki puhuivat sen puolesta, että juuri hänen tuli saada kiivetä bussiin ja siivota sotku. Niin he kapusivat bussiin toistensa yli innokkaina palvelemaan toisiaan. Niinpä siivous oli lopulta ryhmäponnistus, johon lähes kaikki osallistuivat – kantaen vesiämpäreitä läheisestä kaivosta, levittäen saippuaa, pyyhkien, hangaten ja kuivaten bussin lattiaa. Lopulta bussi oli siistimpi kuin se oli ollut ennen välikohtausta ja niin olivat myös matkustajien sydämet.

Tällainen muutos ei yleensä tapahdu yhdessä yössä. Amma sanoo, että kun joku muuttaa ashramiin brahmachariksi tai brahmachariniksi, on tavallista että hän odottaa saavansa sevan, joka miellyttää häntä. Amma kertoo seuraavan tarinan havainnollistaakseen asiaa.

Kerran mies lähestyi gurua yhteen liitetyin käsin. Mies sanoi, että hän oli kyllästynyt kaikkeen siihen mitä maailmalla oli tarjota ja hän halusi nyt viettää lopun elämänsä gurua palvellen. "Niinkö?" guru vastasi. "Kuinka haluaisit palvella minua?" "Jos sallit", mies sanoi kunnioittavalla äänellä. "Haluaisin palvella sinua neuvonantajanasi."

Joku saattaa olla korkeasti koulutettu johtamistaidoissa tai hänellä on saattanut olla monia ihmisiä johdettavanaan, mutta Amma saattaa pyytää häntä työskentelemään navetassa lapioimassa lantaa, kylvettämässä ja ruokkimassa lehmiä. Amma sanoo, että sevan tarkoituksena, jonka guru antaa, on auttaa oppilasta ylittämään mieltymyksen ja vastenmielisyyden tunteet. Siksi guru antaa tehtäväksi jotakin sellaista, mitä hän ei olisi itse valinnut tehtäväkseen.

Ensimmäisinä brahmachari-vuosinani, vaikka asuinkin jo ashramissa, Amma kehotti minua jatkamaan työtäni pankissa. Kun Amma lopulta salli minun luopua työstäni, olin onnellinen ja helpottunut ajatellessani, että nyt minulla olisi enemmän aikaa henkisiin harjoituksiin niin kuin muilla ashramin brahmachareilla. Noihin aikoihin joku lahjoitti pikkubussin ashramille ja Amma valitsi minut auton kuljettajaksi, sillä olin tuossa vaiheessa ainoa ashramin asukkaista, jolla oli ajokortti. Olin tyytyväinen saadessani kuljettaa Ammaa ja muita brahmachareja aina kun he menivät jonnekin pitämään ohjelmaa. Samalla Amma kuitenkin laittoi minut vastaamaan ruoan ja muiden tarvikkeiden ostamisesta ashramille. Tämä tarkoitti, että ajoin lähes joka päivä. Sen myötä haihtuivat unelmani pitkistä tunneista henkisissä harjoituksissa. Osallistuin suurimpaan osaan säännöllisiä henkisiä harjoituksia, jotka olivat osa ashramin ohjelmaa, kuten resitaatioon, meditaatioon, pyhien kirjojen opiskeluun ja antaumukselliseen lauluun. Toiveenani oli tehdä vielä enemmän kuin yhteiset harjoitustunnit, mutta ajaessani en voinut tietenkään tehdä muuta kuin toistaa mantraa, jonka Amma oli antanut minulle. Seuraavien vuosien aikana muutamat brahmacharit saivat ajokortin. Niinpä autonkuljettajan päiväni olivat ohi ja riemuitsin jälleen siitä mahdollisuudesta, että voisin kääntyä sisäänpäin. Siinä vaiheessa Amma oli jo aloittanut maailmankiertueensa, ja eri maista oli alkanut tulla seuraajia vierailulle ashramiin. Siinä vaiheessa Amma pyysi minua ottamaan kansainväliset vieraat vastaan ja viettämään aikaa heidän kanssaan. Hän kehotti minua viettämään vähintään viisi tuntia päivittäin keskustellen ja avustaen heitä.

"Amma, olin ajatellut viettäväni enemmän aikaa meditoiden ja tehden muita henkisiä harjoituksia, kun minun ei tarvitse enää ajaa autoa," sanoin hänelle. "Nyt sinä pyydät minua viettämään viisi tuntia päivässä jutellen ihmisten kanssa. Entä minun *sadhanani* (henkiset harjoitukseni)?"

"Se on sinun *sadhanasi*," Amma vastasi.

Vaikka epäröinkin aluksi, havaitsin pian että oppilaat halusivat puhua lähinnä yhdestä asiasta ja se oli Amma. Tämä auttoi minua pitämään huomioni koko päivän Ammassa. Olet varmaankin kuullut kävelymeditaatiosta, mutta se mitä Amma neuvoi minua tekemään, oli varmastikin uudenlainen *sadhanan* muoto, eräänlaista puhemeditaatiota."

Niinpä, mitä tahansa guru pyytääkin meitä tekemään, siitä tulee *sadhanaamme* ja gurun neuvojen noudattaminen vilpittö-mästi ja antaumuksella on yhtä hyödyllistä kuin muut henkiset harjoitukset.

Aina viime vuosiin asti sain yleensä tehdä kansainvälisten kiertueitten yhteydessä *aratin*[1] Ammalle Devi Bhava darshanin alkaessa. Eräänä päivänä Amma sanoi, että jotkut ihmiset olivat

---

[1] *Arati* tehdään perinteisesti jumalanpalveluksen lopulla ja se pitää sisällään palavan kamferin liikuttamista palvonnan kohteen edessä. *Arati* on vertauskuva

pahoilla mielin, koska aratin teki aina yleensä swami eikä koskaan swamini tai brahmacharini. Ottaen heidän toiveensa huomioon Amma sanoi, että tuosta päivästä eteenpäin Swamini Krishnamrita Pranan tulisi tehdä *arati* Devi Bhavan alkaessa.

Koska olin todella nauttinut saadessani tehdä *aratin* Ammalle, olin hieman pettynyt menettäessäni tämän aseman. Tietenkin hyväksyin Amman ohjeen myönteisellä asenteella muistaen, että pidimme siitä tai emme, hyödyimme aina siitä, että seurasimme todellisen mestarin ohjeita.

Amma sanoo, että jos menemme lääkäriin tulehtuneen haavan kanssa, lääkärin täytyy puristaa mätä ulos. Joudumme tuolloin kokemaan tuskaa, mutta se on meidän omaksi hyödyksemme. Vaikka itkisimme, lääkäri jatkaa silti haavan puhdistamista, sillä hän tietää, että jos haavalle ei tehdä mitään, tulehdus pahenee aiheuttaen vakavan ongelman. Samalla tavoin, me kärsimme kaikki samsaran sairaudesta, sen tähden olemme tulleet Amman luo. Kun lähestymme Ammaa, pyrkimyksenämme on oivaltaa Todellinen Itsemme. Amman velvollisuus on poistaa meissä oleva kielteisyys. Tämä tapahtumasarja on tietenkin kivulias, koska toisinaan Amma sanoo jotakin, joka satuttaa egoamme tai kehottaa meitä tekemään juuri päinvastoin kuin haluamme. Meidän ei kuitenkaan tulisi vastustaa tällaisia tilanteita vaan meidän tulisi hyväksyä Amman kohtelu ymmärtäen, että se tekee meistä parempia. Joudumme säännöllisesti läpikäymään tällaisia tilanteita työpaikalla, vaikka johtajamme ei olisikaan henkinen ihminen eikä hän siunaisi meitä jumalallisella armolla. Miksi emme voi näin ollen käydä läpi tätä prosessia Amman käsittelyssä? Todellinen mestari ei koskaan kehota meitä tekemään mitään mikä olisi dharman vastaista, ja saamme

---

antaumuksesta. Tässä rituaalissa käytetty kamferi palaa jättämättä jälkiä, samalla tavoin ego katoaa kokonaan antautuessamme gurulle tai Jumalalle.

osaksemme paljon enemmän kuin koskaan työpaikalla. Amman ainoa tarkoitus on tuoda jumalallisuus meissä esiin.

Mikä sitten on paras tapa hyväksyä mestarin ojennus? Amma kertoo tähän liittyen tarinan Ramasta ja hänen rakkaasta opetuslapsestaan Hanumanista.

Kerran pyhimys Visvamithra käski Ramaa[2] tappamaan kuninkaan, joka oli vahingossa loukannut pyhimystä. Kuningas oli oikeudenmukainen mies, niinpä Rama ei ollut iloinen Visvamithran käskystä, mutta Visvamitra oli hänen gurunsa eikä hän voinut olla tottelematta häntä.

Niinpä Rama lähti toteuttamaan Visvamithran pyyntöä. Kun kuningas kuuli tästä uhasta, hän kiiruhti Anjana Devin, Hanumanin äidin luo ja pyysi häneltä suojelua. Ennen kuin hän edes kysyi mikä häntä uhkasi, tämä lupasi suojeluksen sanoen: "Älä ole huolissasi, herrani, minun poikani Hanuman suojelee sinua vaaralta."

Kun kuningas tunnusti, että itse Rama tahtoi tappaa hänet, Anjana Devi ajatteli asiaa uudelleen, sillä hän ei kestänyt ajatusta siitä, että hänen poikansa joutuisi taistelemaan itse Herran kanssa. Mutta Hanuman ei antanut hänen vetää lupaustaan takaisin.

"Meidän velvollisuutemme on suojella kaikkia, joka etsivät meistä turvaa", hän sanoi äidilleen. "En salli kenenkään vahingoittaa kuningasta. Meidän tulee kohdata kenet tahansa, joka sattuu olemaan hänen vihollisensa."

Niinpä Hanuman puhutteli Ramaa, kun hän oli etsimässä kuningasta. Hän heittäytyi Raman jalkojen juureen itkien: "Herra, ole ystävällinen kuninkaalle. Älä tapa häntä, hän on viaton. Anna hänen mennä!"

Mutta Rama ei ollut halukas antamaan kuninkaalle anteeksi.

---

[2] Ramaa pidetään Intiassa Jumalana, joka on laskeutunut ihmisen hahmoon.

"Minun täytyy tappaa hänet. Olen luvannut tehdä sen, enkä voi pettää lupaustani."

"Ymmärrän antaumuksesi ja lojaalisuutesi guruasi kohtaan", Hanuman sanoi. "Mutta äitini on luvannut, että minä suojelen kuningasta. Velvollisuuteni on pitää tuo lupaus. Niinpä, jos haluat tappaa kuninkaan, sinun on tapettava ensin minut! Niin kauan kuin tässä kehossa on elinvoimaa, en salli kuningasta tapettavan."

Rama viritti jousipyssynsä ja valmistautui lähettämään nuolia Hanumania kohti. Hanuman ei kuitenkaan ottanut aseita eikä edes kilpeä esille. Sen sijaan hän seisoi kädet yhteen liitettyinä ja jatkoi Raman nimen toistamista niin kuin aina ennenkin. Rama ryhtyi lupauksensa sitomana lähettämään nuolia sateena oppilastaan kohti.

Vaikka Rama ei ollut koskaan ampunut ohi maalin, tällä kertaa yksikään nuori ei osunut Hanumaniin, sillä juuri kun nuoli oli osumassa häneen, ne muuttuivat kauniiksi kukkasiksi. Hanumanin horjumaton antaumus Herralle muutti jopa Raman vihan siunaukseksi. Lopulta Raman oli hyväksyttävä tappio, ei vastustuksen vaan rakkauden ja hyväksymisen tähden.

Samalla tavoin Amma sanoo, että meidän rakkautemme ja antaumuksemme gurua kohtaan tulisi olla niin suurta, että voimme hyväksyä jopa gurun kurittamisen hienona siunauksena.

Devi Bhavan alku ei ole ainoa hetki, jolloin Ammalle tehdään arati, niin tehdään myös illan *bhajaneitten* jälkeen ja *pada pujan* (gurun jalkojen rituaalisen kylvetyksen) aikana, joka tehdään silloin, kun Amma saapuu uudelle paikkakunnalle, ohjelman alkaessa. Tällaisina hetkinä aratin tekee aina eri oppilas tai ryhmä oppilaita. *Pada pujan* aikana swamit seisovat Amman takana ja lausuvat vedisiä mantroja samalla, kun oppilaat pesevät seremoniallisesti Amman jalat ja suorittavat aratin. Muutamia päiviä sen jälkeen, kun Amma oli pyytänyt, että en enää suorittaisi Devi Bhavan aratia, seurasin Ammaa, kun hän saapui ohjelmahalliin aloittaakseen aamun darshanin. Oppilas, jonka tuli suorittaa arati Ammalle ensimmäistä kertaa, joutui yhtäkkiä levottomuuden valtaan. Hänen kätensä alkoivat täristä voimakkaasti ja hän läikytti palavaa kamferia lattialle. Hänen tehdessä parhaansa sammuttaakseen liekit, näytti siltä, että kukaan ei tekisi aratia. Estääkseni perinnettä katkeamasta kiirehdin ottamaan arati-tarjottimen oppilaalta, joka näytti nyt siltä, että olisi halunnut olla missä tahansa muualla maailmassa. Kun muut swamit toistivat säkeet, minä tein aratin Ammalle. Itse asiassa samanlainen tilanne syntyi vielä kaksi kertaa tuon kiertueen aikana ja ne poistivat viimeisetkin aratiin liittyvät surun rippeet mielestäni. Vaikka Amma pyytäisikin meitä tekemään jotakin mitä emme halua tehdä, hänen äidillinen rakkautensa ja jumalallinen armonsa pehmentävät iskua.

Joitakin vuosia sitten eräs länsimaalainen muutti ashramiin brahmachariksi. Jostain syystä, hän päätti, että viettäisi kaiken aikansa intialaisten brahmacharien kanssa välttäen länsimaalaisten oppilaitten seuraa niin pitkälle kuin mahdollista. Hän oleskeli intialaisten brahmacharien kanssa samassa huoneessa, söi heidän kanssaan ja teki myös sevaa intialaisten seurassa. Kokonaisia päiviä kului ilman, että hän olisi puhunut yhdellekään länsimaalaiselle oppilaalle siitä huolimatta, että ashramissa oli monta sataa länsimaalaista. Eräänä aamuna, kun hän nousi ylös syötyään intialaista aamiaista, intialaisten veljiensä ympäröimänä ja ajatteli mielessään tyytyväisenä: 'Ah, elämäni on täydellistä! Saan viettää kaiken aikani vanhempien intialaisten ashramilaisten seurassa. Sillä on hyvä vaikutus minuun eikä minun tarvitse olla lainkaan tekemisissä länsimaalaisten kanssa.' Neljäkymmentäviisi minuuttia myöhemmin tämä nuori mies sai viestin, että Amma halusi nähdä hänet. Tämä oli ensimmäinen kerta, kun Amma oli koskaan toiminut näin, niinpä hän juoksi Amman luo suurin odotuksin.

Kun hän kumartui hänen eteensä, Amma kysyi herttaisesti: "Sopisiko sinulle, että työskentelisit kansainvälisessä toimistossa?" Kyse on ashramin toimistosta, joka järjestää majoituksen, hallinnoi ja ratkoo kaikenlaisia ongelmia, jotka koskettavat kansainvälisiä vieraita. Tuo Amman lause käänsi tämän nuoren miehen "täydellisen elämän" ylösalaisin.

Luonnossa voimme havaita, että äitilintu työntää linnunpoikasensa usein ulos pesästä opettaakseen ne lentämään. Samalla tavoin henkinen mestari antaa toisinaan vaikeita kokemuksia auttaakseen oppilaita kehittämään omia voimiaan. Mutta aivan niin kuin äitilintu työntää linnunpoikaset ulos vain, kun se on varma, että poikaset ovat siihen valmiita, samalla tavoin henkinen opettaja ei laita meitä tilanteeseen, mistä emme kykene selviytymään. Toisinaan ponnistelu on juuri sitä, mitä eniten tarvitsemme elämässämme. Jos voisimme mennä elämämme läpi ilman minkäänlaisia esteitä, meistä ei tulisi niin voimakkaita. Monet lahjamme ilmenevät vain kun joudumme ponnistelemaan tai kun tarve niille ilmenee. Jos meitä ei koskaan koetella, piilevät kykymme eivät pääse esille.

Amma on sanonut lukemattomia kertoja, että hän ei halua tai tarvitse meiltä mitään. Hänen ainoa toiveensa on, että ylitämme rajoituksemme, jotta voimme saavuttaa todellisen onnen tilan. Saatamme toisinaan ajatella, että palvelemme Ammaa, mutta tosiasiassa hän palvelee meitä. Hän on jo täysi ja ehjä, niinpä hän ei tarvitse mitään keneltäkään ollakseen onnellinen. Kuitenkin myötätunnosta meitä kohtaan hän haluaa ohjata meidätkin tuohon samaan tilaan.

Eikä Amma ole muuttanut ainoastaan ashramin asukkaita. Ottakaamme esimerkiksi kyläläiset, jotka asuvat ashramin lähettyvillä. Ne jotka ovat lukeneet *Ultimate Success* -kirjani muistanevat tarinan siitä, miten Amma heitti prasadia kyläläisille, kun hän lähti ashramista kansainväliselle kiertueelleen. Tuohon aikaan kyläläiset eivät tulleet kodeistaan ulos nähdäkseen Amman ohittavan heidät vaan jättivät prasad-makeiset lojumaan maahan, vain lapset olivat kiinnostuneita niistä. Tänä päivänä saamme kuitenkin todistaa hyvin erilaista näkymää.

Kun Amma lähti ashramista vuoden 2005 Euroopan kiertueelle, ashramin asukkaat täyttivät Amman huoneesta johtavan tien reunamat aina rantatielle asti. Mutta tällä kertaa kunniakuja ei loppunut siihen. Aikaisesta aamusta huolimatta näytti siltä, että koko kylä oli hereillä seisoen kotiensa edessä yhteen liitetyin käsin.

Öljylamppuja oli sytytetty monen talon edessä ja kokonaiset perhekunnat, äidit, isät, lapset ja isovanhemmat, olivat jo kylpeneet odottaen nyt öljylamppujen vierellä Amman ohittavan heidät. *Om Amriteswaryai Namaha* –mantra kaikui pehmeästi rantaan lyövien aaltojen tahdissa.

Amman auto liikkui hitaasti tietä pitkin pysähtyen jokaisen öljylampun kohdalla. Kyläläiset kurkottivat käsiään ja Amma ojensi heille karamelleja. Kun Amma oli ohittanut heidät, monen kyläläiset nähtiin vuodattavan kyyneleitä. Jotkut toisivat yhä Amman nimeä, toiset mumisivat pehmeästi ääni täynnä tunnetta: "Hän kosketti minun kättäni… hän antoi minulle makeisen."

Toiset seisoivat hiljaa, liikkumatta, pidätellen kyyneleitään. Monet, jotka kuulivat mantroja toistettavan, juoksivat suoraan sängystä tavoittaakseen arvokkaan välähdyksen Ammasta, toiset taas tulivat kylpyhuoneesta, vaatteet märkinä ja hiukset vettä tippuen.

Tämä näky toi mieleeni tarinan, jota Amma kertoo usein Vrindavanin gopeista. Kerran gopit kuulivat, että Sri Krishna tulisi tanssimaan Yamuna-joen rantamilla. Kuultuaan tämän he jättivät kesken kaiken mitä olivat tekemässä ja juoksivat välittömästi ulos taloistaan. Jotkut heistä olivat olleet rajaamassa silmiään ja olivat saaneet vain toisen silmän valmiiksi. Joillakuilla oli vain yksi nilkkakoru. He jotka olivat olleet työskentelemässä keittiössä, olivat pyyhkineet kasvojaan nokisilla käsillään. Gopi, joka oli ollut tarjoilemassa lounasta miehelleen, juoksi paikalle kauha kädessään. Ja toisella gopilla, joka oli ollut lakaisemassa pihaa, oli edelleenkin harja kädessään. Pelkkä Herran nimen kuuleminen sai gopit jättämään työnsä ja juoksemaan Yamuna-joen rannoille. Kyläläisten kokemaa muutosta käytöksessään ja asenteissaan kuvaa hyvin eräs kyläläinen, joka työskentelee sotilaana. Hän näet sanoi: "Ennen tsunamia uskoimme Kadal Amman (Äiti-Meren) olevan suojelijamme. Mutta kun meri oli tuhota meidät, Amma suojeli meitä. Amma on suurempi kuin Äiti-Meri."

Vain päiviä aiemmin kyläläiset olivat kerääntyneet tien varteen kunnioittamaan Amman 52-vuotis syntymäpäivää. Tämä oli muisto menneisyydestä. Sinä vuonna he pitivät ensi kertaa Amman syntymäpäivänä vapaapäivän. Yksikään kalastajista ei ollut lähtenyt merelle. Vapaapäivääkin tärkeämpää oli se, että se heijasteli kyläläisten asennemuutosta Ammaa kohtaan. Ottaen huomioon kaiken sen, mitä Amma on tehnyt heidän hyväkseen tsunamin tuhojen jälkeen, ei ole mikään ihme, että he pitävät Amman syntymäpäivää pyhänä päivänä. Nämä samat ihmiset heittivät aiemmin kiviä ja huutelivat loukkauksia Ammalle ja kieltäytyivät monen vuoden ajan astumasta jalallaan ashramiin.

Joitakin aikoja sitten isä, jonka lapsi kirjautui Amrita Vidyalamiin (Amman peruskouluun), tuli Amman darshaniin. Hänellä oli selviä vaikeuksia hallita tunteitaan, ja heti kun hän tuli Amman syleilyyn, hän alkoi nyyhkyttää. Nämä eivät kuitenkaan olleet surun kyyneleitä vaan kiitollisuuden ja ilon kyyneleitä.

Joitakin päiviä aiemmin hänet oli kutsuttu poikansa kouluun osallistumaan ohjelmaan, jota on harjoitettu Amman kouluissa jo useita vuosia. Auttaakseen lapsia tuntemaan kunnioitusta ja rakkautta vanhempiaan kohtaan ashramin koulut ovat järjestäneet juhlallisuuksia, joiden aikana lapset pesevät vanhempiensa jalat.

Tämä perinteinen palvontameno perustuu *Taittiriya Upanishadeihin* (1.11.2): "Olkoon äitisi sinulle jumala. Olkoon isäsi sinulle jumala." Mies katsoi Ammaa silmiin.

"Kun poikani alkoi pestä jalkojani, kysyin itseltäni: 'Kuka minä olen, jotta minua voisi palvoa tällä tavoin? En minä ansaitse tällaista.'"

Sitten hän kertoi Ammalle, että hän ei ollut koko elämänsä aikana koskettanut omien vanhempiensa jalkoja, saatikka että olisi tehnyt *pada-pujan* heille.

Sitten mies kertoi Ammalle, että kun hän palasi kotiin, hän oli niin inspiroitunut lapsensa teosta, että seuraavan kerran äitinsä nähdessään, hän heittäytyi tämän jalkoihin kunnioituksesta kaiken sen tähden, mitä äiti oli tehnyt hänen puolestaan koko elämänsä ajan.

"Kun kosketin äitini jalkoja, hän ei voinut uskoa sitä todeksi", mies sanoi. "Ensimmäisen kerran 36:n vuoden aikana minä kunnioitan ja rakastan nyt äitiäni. Vasta kun kumarsin hänelle, ymmärsin hänen arvonsa. Silloin äiti siunasi minut rakkaudella ja hellyydellä sanoen: 'Mitä tahansa huonoja tunteita minulla on ollut sinua kohtaan, ne on nyt pyyhitty pois.'"

Mies kiitti Ammaa ylenpalttisesti siitä, että hän oli auttamassa perinteisten arvojen uudelleen herättämisessä uuden sukupolven kohdalla.

"Amma, sinä olet opettanut minulle äitiyden suuruuden. Minä tulen aina olemaan sinulle kiitollisuudenvelassa. Sinä olet kaikkien äiti."

Kun Amma vieraili tamilien tsunamin pelastusleirillä Sri Lankassa helmikuussa 2005, ryhmä tamilin tiikereitä (LTTE:n, jäseniä) tuli Amman darshaniin, samoin kuin ryhmä sinhalien hallituksen erikoisjoukkojen (STF:n) sotilaita. Sinhalit ja tamilit ovat olleet keskenään julmassa sisällissodassa vuodesta 1983 alkaen, jonka aikana yli 60 000 ihmistä on tapettu.

Monet LTTE:n jäsenet, jotka tulivat Amman darshaniin, olivat nuoria naisia, jotka tunnisti taistelijoiksi lyhyistä hiuksista, miesten vaatteista ja leveistä, mustista asevöistä. Kun nämä naiset tulivat Amman eteen, heidän kovettuneet kasvonsa pehmenivät ja hymy nousi heidän silmiinsä. Koska he eivät olleet varmoja siitä, puhuisiko Amma tamilia, he pyysivät hallituksen virkailijoita, jotka sattuivat seisomaan lähellä Ammaa, kääntämään heille. Tämä oli kenties kaikkein merkittävin hetki, sillä tässä taistelijat pyysivät hallituksen edustajia auttamaan heitä, jotka he olivat vannoneet kaatavansa. Virkailijat olivat vaikuttuneita nähdessään näiden kahden ryhmittymän kohtaavan tällä tavoin ilman verenvuodatusta tai merkkiäkään vihamielisyydestä.

"Amma on yhdistävä voima", hän sanoi. "Vain Amma voi saattaa nämä ihmiset yhteen."

Tällainen muutos on mahdollinen ainoastaan todellisen mestarin läheisyydessä. Amma sanoo, että suurin ihme ei ole siinä, että kykenemme materialisoimaan esineen ilmasta, sillä emme voi taikoa mitään esinettä, joka ei ole jo olemassa maailmankaikkeudessa. Suurin ihme, Amma selittää, on siinä, että voimme saada aikaan syvällisen muutoksen ihmissydämessä.

Tämä on ihme, jonka Amma tekee elämänsä jokaisena päivänä.

LUKU 14

Jumalalle puhuminen

Rukous ei muuta Jumalaa, mutta se voi muuttaa rukoilijan.

— Søren Kierkegaard

Siinä missä meditaatio on hiljaista yhteydenpitoa Jumalaan, rukous on kuin vuoropuhelun aloittamista. Amma sanoo, että kiitollisuus on todellista rukousta, mutta suurin osa rukoilee jokin toive mielessään. Hyvin harva rukoilee kiitollisuudesta ja rakkaudesta Jumalaa kohtaan, odottamatta mitään vastineeksi. Mikä hyvänsä onkaan motiivimme, olennainen osa rukoustamme on usko. Usko ja rukouksen syvyys saavat rukouksen kantamaan hedelmää. Amma puhuu meille esimerkkinä kirjeen lähettämisestä. Vaikka laittaisimme oikeanlaisen postimerkin kuoreen, mutta emme kirjoittaisi osoitetta, kirje ei koskaan saapuisi määränpäähänsä. Voimme sanoa, että uskomme Jumalaan, mutta uskomme on usein pintapuolista. Amma kertoo seuraavan tarinan.

Miehellä, joka asui vuoren juurella, oli rakastettu toisella puolella vuorta. Aina kun hän halusi nähdä naisen, hänen täytyi tehdä pitkä matka vuoren ympäri, sillä vuori oli liian korkea ja vaarallinen ylitettäväksi. Eräänä päivänä mies muisti raamatun sanonnan siitä, miten sinapinsiemenen verran uskoa, voi siirtää vuoria. Vaikka hän ei ollutkaan mikään suuri uskovainen, hän ajatteli, että hänellä oli ainakin sen verran uskoa, niinpä hän istui joka aamu silmät suljettuina rukoillen: 'Oi Herra, siirrä tämä vuori, jotta voin nähdä rakastettuni etupihaltani'. Rukoiltuaan näin hänellä oli tapana kävellä ulos talostaan etupihalle katsomaan oliko vuori siirtynyt. Lopulta mies levitti kätensä häviön merkiksi ja huusi: "Tiesinhän minä alun alkaen, että se ei siirtyisi minnekään! Itse asiassa todellinen usko on hyvin harvinaista. Tarina kertoo intialaisesta kylästä, joka kärsi monia vuosia kovasta kuivuudesta. Etsittyään kauan kyläläiset löysivät papin, joka oli tunnettu kyvystään synnyttää sadetta suorittaessaan monivaiheisen *yajnan* (rituaalin). Tehtyään kaikki valmistelut lopulta koitti suuri päivä.. Tuhannet ihmiset kokoontuivat todistamaan seremoniaa, jonka oli määrä tuoda rankkasade heti seremonian päätyttyä. Väkijoukosta vain yksi ihminen toi mukanaan sateenvarjon. Hän oli pieni poika. Kun ihmiset näkivät hänen saapuvan, he kysyivät häneltä:"Miksi kannat sateenvarjoa? Aurinko on niin kuuma tänään."

Poika vastasi kysymällä: "Eikös nyt ole määrä sataa?"

Vaikka kyläläiset olivat nähneet suuren vaivan löytääkseen papin suorittamaan *yajnan*, ei kukaan heistä kuitenkaan todella uskonut, että sataisi. Tarina kertoo, että juuri sateenvarjon tuoneen pojan viattoman uskon takia, *yajna* oli suuri menestys tuoden rankkasateen seremonian loputtua.

Emme koskaan unohda kutsua Jumalaa, kun tarvitsemme apua, mutta ongelman ratkettua, unohdamme usein kiittää Jumalaa siitä, että rukouksiimme on vastattu.

Kerran eräs nainen kiirehti kotiinsa lääkärin vastaanotolta. Lääkärin vastaanotto oli myöhästynyt sairaalassa ja siinä vaiheessa, kun nainen lähti klinikalta, hän oli myöhässä omasta aikataulustaan. Hänen piti noutaa lääkkeensä, hakea lapsi hoidosta, mennä kotiin, valmistaa illallinen ja osallistua illalla vanhempainiltaan. Kun hän etsi parkkipaikkaa ajoneuvoja täynnä olevan ostoskeskuksen ympäriltä, alkoi sataa kaatamalla. Vaikka hän ei ollutkaan ihminen, joka vaivaa Jumalaa pikku asioilla, hän alkoi rukoilla kääntyessään lähinnä ovea olevalle kaistalle:"Herra, sinä tiedät minkälainen päivä minulla on ollut ja vielä on paljon tehtävää. Voisitko antaa minulle parkkipaikan heti ja voisiko se olla mahdollisimman lähellä rakennusta, jotta minä en kastuisi?"

Hän oli tuskin lopettanut sanojen lausumisen mielessään, kun hän näki auton peruutusvalot rivin päädyssä. Se oli paras parkkipaikka koko parkkialueella, heti invalidipaikkojen vierellä, aivan ostoskeskuksen ulko-ovien vieressä.

"Ei tarvitse vaivautua, Jumala. Pyydän sadetta loppumaan viimeisenä pyyntönäni. Parkkipaikka nimittäin vapautui juuri täällä ilman Sinun apuasi!"

Amma sanoo, että todellinen etsijä hyväksyy kaikki tilanteet elämässään Jumalan tai gurun lahjana. Kiitollisuuden tunteminen ja osoittaminen Jumalalle kaikesta, mitä meille on annettu, on todellista rukousta. Jumala tai guru ei tarvitse kiitostamme tai ylistystämme. Sen sijaan oman etumme tähden meidän olisi muistettava, että kaikki meillä oleva, on Hänen lahjaansa. Ainakaan rukoillessamme emme ole itsekkäitä vaan nöyriä Jumalan edessä. Rukoilu kehittää luonnollisesti nöyryyttä ja auttaa meitä tiedostamaan oman voimamme rajoitteet.

Jos analysoimme asiat loppuun asti, havaitsemme että olemme avuttomia. Amma sanoo, että jopa voima, jolla kohotamme sormemme, tulee Jumalalta. Jos voimme ylläpitää rukoilevaa asennetta kaiken aikaa, meistä tulee nöyriä. Niin voimme kutsua jumalallista armoa elämäämme. Amma sanoo:"Vaikka vuoren huipulle sataisi, vesi ei pysy siellä vaan valuu alhaalla sijaitseville alueille. Samalla tavoin jumalallinen armo virtaa luonnollisesti häntä kohden, joka on kasvanut nöyryyteen."

Amma sanoo, että syödessämme suklaata meidän tulisi muistaa suklaan valmistaja. Nauttiessamme luomakunnasta meidän tulisi muistaa Luojaa. Mitä tahansa hyvää tai huonoa koemme, se johtuu meidän *prarabdhastamme* (*karmastamme*). Me emme ole pahoillamme hyvistä kokemuksista, emmekä koskaan valita niistä. Samalla tavoin, kun joudumme kokemaan ikäviä asioita, meidän pitäisi olla tyytyväisiä siitä, että olemme suoriutuneet sellaisesta määrästä kielteistä *prarabdhaa*. Ja meidän on aina muistettava, että on olemassa toisia, joiden tilanne on paljon pahempi kuin omamme.

Kerran eräs nuori mies oli tiensä päässä. Kun hän ei löytänyt ulospääsyä, hän pudottautui polvilleen rukoillen: "Herra, en kykene etenemään tästä," hän sanoi. "Tämä taakka oli liian raskas kannettavaksi."

Kun nuori mies avasi silmänsä, hän huomasi että hänen ympäristönsä oli vaihtunut toiseksi. Hän oli polvillaan valtavassa huoneessa ja Jumala seisoi hänen edessään.

"Poikani," Herra sanoi. "Jos et voi kantaa taakkaasi, voit jättää sen tähän huoneeseen. Voit ottaa minkä tahansa muun taakan, jonka haluat."

Mies oli helpottunut.

"Kiitos, Herra", hän sanoi. Huomatessaan, että hänen ongelmansa ja huolensa olivat kerääntyneet taakaksi hänen olkapäilleen, hän teki niin kuin oli sanottu. Katsoessaan ympärilleen hän näki monia erilaisia kantamuksia, jotkut niistä olivat niin suuria, että niiden nostamiseen olisi tarvittu useampia ihmisiä. Kierreltyään pitkään hän näki viimein pienen repun, joka lojui hylättynä nurkassa.

"Minä haluaisin ottaa tuon, Herra", hän kuiskasi.

Herra vastasi:"Poikani, tuo on se, jonka sinä toit."

Toisinaan kun rukouksiimme ei vastata, saatamme ihmetellä, että eikö Jumala välitä meistä tai että onko Hän lomalla. Mutta meidän tulisi muistaa, että Jumalan näkökulma on paljon laajempi kuin meidän.

Tarina kertoo muurahaisesta, joka harjoitti *tapasia* (itsekuria) saadakseen näyn Jumalasta. Hän suunnitteli kysyvänsä Jumalalta sellaista armolahjaa, että ketä hyvänsä hän purisi, se kuolisi. Jumala tiesi, että sellainen armolahja olisi tuhoisa ihmiskunnalle, mutta muurahaisen *tapas* oli lopulta niin voimallinen, että Jumala ei voinut vastustaa darshanin antamista ja armolahjan suomista hänelle. Kun Jumala kysyi, mitä hän halusi, Hän piti huolen siitä, että muurahainen jätti tilaa tulkinnalle omassa toivomuksessaan.

Muurahainen sanoi innoissaan:"Kyllä Herrani, minulla on jotakin mielessäni: milloin hyvänsä muurahainen puree ihmistä, sen tulee kuolla."

Jumala vastasi siihen: "Pyyntöösi on suostuttu. Milloin hyvänsä muurahainen puree ihmistä, tuo muurahainen kuolee."

Ennen kuin muurahainen ehti tarkentaa pyyntöään Jumala katosi. Aina tähän päivään asti, kun muurahainen puree ihmistä, sillä on erittäin lyhyt aika elämää jäljellä.

Amma on usein sanonut, että Jumala ei vastaa kaikkiin rukouksiimme, jotta maailmassa säilyisi tasapaino. Ajattele vaikka esimerkkiä, jossa baarinpitäjä rukoilee lisää asiakkaita, lääkäri lisää potilaita tai haudankaivaja kulkutautia.

Kun mahatmat eivät ole läsnä maailmassamme, kaikki tapahtuu tarkalleen karmanlain mukaisesti. Mahatmalla on kuitenkin voima muuttaa karmamme. (Mikäli olemme kypsyneet ottamaan vastaan hänen armonsa). Tässä mielessä voisi sanoa, että Amman kaltaiset mahatmat ovat jopa myötätuntoisempia kuin Jumala. Amman oppilaina meillä on kokemuksia siitä, että jopa kaikkein yksinkertaisimpiinkin rukouksiimme vastataan. Olemme saattaneet rukoilla Jumalaa kauan ilman mitään vastausta. Mutta Amma vastaa rukouksiimme hyvin nopeasti, vaikka emme edes ansaitsisi sitä. Jos pyydämme Ammalta jotakin haluamaamme, mikäli se ei vahingoita muita ja on oman dharmamme mukaista, hän auttaa meitä varmasti.

Kun rukoilemme näkymätöntä Jumalaa, meidän saattaa olla vaikeata rukoilla todella voimallisesti. Mutta kun rukoilemme jotakuta Amman kaltaista, jonka voimme nähdä, kuulla ja jota voimme koskettaa, kykenemme rukoilemaan suuremmalla rakkaudella ja uskolla. Tämä rukouksemme voimallisuus auttaa siihen, että rukouksiimme vastataan.

Yksi Amman brahmachareista kertoi seuraavan tarinan minulle. Eräs Amman länsimaalainen oppilas oli vieraillut Intian ashramissa jo usean vuoden ajan. Yleensä hän meni aina Amman Pohjois-Intian kiertueelle, mutta eräänä vuonna hän ei tullutkaan kiertueelle. Kun oppilas ilmestyi jälleen seuraavana vuonna, brahmachari kysyi häneltä, miksi hän ei ollut tullut vuotta aiemmin. Oppilas selitti, että ollessaan Amman kiertueella hänellä oli ollut mahdollisuus istua Amman vierellä darshanin aikana. Hän oli ojentanut Ammalle aina makeisen ja pussin *vibhutia*, jonka Amma oli antanut jokaiselle oppilaalle *prasadina*. Kun mies oli ojentanut Ammalle *prasadia*, miehen ikäinen nainen oli tullut darshaniin. Hän oli ollut kauniin näköinen ja juuri sellainen tyttö, jota hän oli etsinyt koko elämänsä ajan. Muistakaapa, että tämä tapahtui Intiassa, missä Amma antaa joka päivä darshania 30 000 ihmiselle. Siitä johtuen Amma antoi darshania hyvin nopeasti. Ojentaessaan seuraavaa *prasadia* Ammalle mies rukoili hiljaa mielessään: 'Amma, etkö voisi löytää minulle tuollaista suloista tyttöä'. Sillä hetkellä Amma lopetti sen mitä oli tekemässä, kääntyi ympäri ja katsoi miestä suoraan silmiin, hymyili säteilevästi ja jatkoi sitten darshanin antamista.

Mies ei ajatellut asiaa paljoakaan sen jälkeen. Mutta heti hänen palattua kotimaahansa, hän tapasi jonkun, joka muistutti kovasti sitä tyttöä, jolle Amma oli antanut darshania tuolloin Intiassa.

Mies ja nainen alkoivat tapailla toisiaan ja pian he rakastuivat. Amma oli täyttänyt hänen toiveensa.

Suhde jatkui lähes vuoden ajan, ja siksi mies ei ollut tullut Intiaan sinä vuonna. Mutta jonkin ajan kuluttua heillä alkoi olla erimielisyyksiä pienistä asioista, ja sitten pienistä asioista tuli isoja asioita. Lopulta he erosivat sovittamattomien erimielisyyksien tähden.

Kun rukoilemme Ammaa tai Jumalaa, jotta saisimme jotakin haluamaamme, kuten uuden auton, paremman työn, kauniin vaimon tai komean miehen, meidän olisi muistettava, että maalliset asiat tulevat ja menevät, tuoden meille yhtä paljon tuskaa kuin iloakin.

Ennen kuin Mahabharatan sota alkoi, Arjuna ja Duryodhana menivät molemmat tapaamaan Krishnaa pyytääkseen häntä auttamaan sodan voittamisessa. Arjuna edusti Pandavia ja Duryodhana edusti Pandavien vihollista, Kauravia. Molemmat saapuivat Krishnan talolle lähes samaan aikaan. Duryodhana saapui paikalle hetkeä ennen Arjunaa. Molemmat astuivat Krishnan taloon ja menivät hänen makuuhuoneeseensa, missä hän nukkui. Krishnan sängyn pääpuolessa oli koristeellinen tuoli, johon Duryodhana asettui istumaan. Arjuna, joka oli luonnollisella tavalla nöyrä Herran edessä, asettui kädet yhteen liitettyinä sängyn jalkopäähän. Niinpä vaikka Duryodhana saapuikin Herran makuuhuoneeseen ensimmäisenä, Krishna näki silmät avatessaan ensimmäiseksi Arjunan. Hän kysyi heiltä molemmilta, mitä he halusivat.

Duryodhana, epäoikeudenmukaisten Kauravien johtaja, sanoi: "Herrani, haluan että autat meitä voittamaan sodan Pandavia vastaan. Koska minä tulin tänne ensimmäisenä, sinun tulisi käsitellä minun pyyntöni ensin."

Krishna oli rauhallinen.

"On totta, että sinä tulit ensin, mutta silmäni lankesivat ensimmäisenä Arjunaan. Autan teitä molempia. Toinen teistä voi saada armeijani ja sen miljoonat soturit, elefantit, hevoset ja taisteluvaunut ja toinen saa yksin minut. Minä en tule kantamaan aseita, enkä tule taistelemaan, sen sijaan tulen olemaan vaununajajasi. Arjuna on nuorempi kuin sinä Duryodhana ja sanonta kuuluu, että nuoremman tulisi saada valita ensin. Niinpä annamme Arjunan valita ensin."

"Minä otan yksin sinut, Herrani", Arjuna sanoi hetkeäkään epäröimättä. "Yksin Sinä olet minun todellinen turvani ja jos sinä et ole vierelläni, en edes halua voittaa sotaa."

Duryodhana nauroi häpeämättömästi.

"On minun onneni, että viholliseni on tuollainen typerys. Vaikka minä olisin saanut valita ensimmäisenä, olisin silti ottanut sinun armeijasi, joka on kuuluisa siitä, että sitä ei ole koskaan voitettu taistelussa. Kun sinun joukkosi liittyvät omiini, Pandavat tulevat lyödyiksi ja minä voitan sodan varmasti."

Loppu on tietenkin historiaa. Riippumatta Kauravien armeijan voimista Pandavat voittivat sodan.

Arjuna ei pyytänyt aineellista apua vaan Herran ohjausta ja armoa. Lopulta sekä vauraus että armo lankesivat hänen osakseen ja Duryodhanalle ei jäänyt mitään, ei edes hänen elämäänsä. Kannattaa myös muistaa Kuntin, Pandavien äidin ja Krishnan antaumuksellisen oppilaan, merkittävä rukous. Hän rukoili Herralta aina vain yhtä asiaa: "Oi Herra, anna minulle enemmän ja enemmän vaikeuksia, sillä silloin minä muistan Sinua aina."

Jos unohdamme Jumalan maailman takia, emme välttämättä saa mitä haluamme vaan sen mitä ansaitsemme. Älkäämme rukoilko maallisten halujemme täyttymystä vaan yksin Jumalaa ja Hänen armoaan. Jumalallinen armo lahjoittaa meille sekä aineellisen vaurauden että henkisen kasvun.

Amma tietenkin kehottaa meitä aina rukoilemaan toisten puolesta sekä koko maailman hyvinvoinnin ja rauhan puolesta. Tätä ei voi pitää itsekkäänä rukouksena, sillä kun rukoilemme toisten puolesta, mielemme laajenee. Kerran laiva kärsi haaksirikon myrskyävällä merellä. Vain kaksi pelastui uimalla pienelle autiosaarelle. Siellä nämä kaksi merimiestä totesivat, että heillä ei ollut mitään muuta mahdollisuutta kuin rukoilla Jumalaa pelastuakseen.

Keskittyäkseen paremmin rukouksiinsa he menivät kumpikin omaan suuntaansa asettuen eri puolille saarta. Ensimmäiseksi he rukoilivat ruokaa. Seuraavana aamuna hedelmiä kantava puu löytyi ensimmäisen miehen puolelta saarta. Hän kykeni poimimaan hedelmiä ja syömään vatsansa täyteen. Toisen miehen puoli saarta oli autio, niinpä hän näki nälkää.

Viikon kuluttua ensimmäinen mies koki olevansa yksinäinen, niinpä hän rukoili vaimoa. Seuraavana päivänä toinen laiva kärsi haaksirikon ja ainoa eloonjäänyt oli nainen, joka ui hänen puolelleen saarta.

Pian ensimmäinen mies rukoili taloa, vaatteita ja lisää ruokaa. Seuraavana päivänä ihmeen omaisesti nämä annettiin hänelle. Toisella miehellä ei edelleenkään ollut mitään.

Lopulta ensimmäinen mies rukoili laivaa, jotta hän ja hänen vaimonsa voisivat lähteä saarelta. Aamulla hän huomasi, että laiva oli ankkuroitunut hänen puolelleen saarta. Ensimmäinen mies nousi laivaan vaimonsa kanssa ja päätti jättää toisen miehen sinne.

Kun laiva oli lähdössä, kuului ääni yläpuolelta: "Miksi olet jättämässä seuralaisesi jälkeesi?"

"Minun saamani siunaukset ovat yksin minun, sillä yksin minä rukoilin niitä", ensimmäinen mies vastasi. "Hänen rukouksiinsa ei vastattu, joten ilmiselvästi hän ei ansaitse tulla pelastetuksi."

"Olet väärässä!" ääni nuhteli häntä. "Hän rukoili vain yhtä asiaa ja siihen vastasin. Itse asiassa, jos hän ei olisi rukoillut, sinä et olisi saanut mitään."

"Mitä hän sitten rukoili, jos kerran olen hänelle jotakin velkaa?" ensimmäinen mies sanoi.

Ääni vastasi: "Hän rukoili, että kaikki sinun rukouksesi toteutuisivat."

Amma päättää tilaisuutensa aina koko maailman puolesta tehtävään rukoukseen. Viime aikoina Amma on pyytänyt lapsiaan muistamaan erityisesti heitä, jotka ovat kuolleet tai jotka ovat menettäneet läheisiään eri puolilla maailmaa. Amman rukous syleilee jokaista, heitä jotka kuolivat maanjäristyksissä Kashmirissa ja Pakistanissa, Mumbain tai Etelä-Afrikan tulvissa, Irakin joukkopaossa tai jotka ovat kuolleet sodissa tai terrori-iskujen seurauksena.

"Murhenäytelmät, joita joudumme kokemaan, eivät ole päättyneet", Amma sanoi vuoden 2005 lähestyessä loppuaan. "Luonto on edelleen vihainen ja levoton. Vain jumalallisen armon viilentävä, lempeä tuuli voi viedä vihan, suuttumuksen ja koston pilvet mennessään. Rukoilkaamme siksi sydän sulaen."

Monet ovat puhuneet siitä miten oikeassa Amma oli ennustaessaan vuonna 2002, että vuosi 2005 tulisi olemaan onnettomuuksien aikaa maailmalle. Hän pyysi opetuslapsiaan eri puolilta maailmaa kokoontumaan *Amritavarsham50:een*, Amman 50-vuotis syntymäpäiväjuhlille, jolloin rukoiltiin yhdessä maailmanrauhan ja harmonian puolesta. Amma puhuu jatkuvasti ryhmärukoilun voimasta. Amritavarsham50-juhlien aikana sadat tuhannet ihmiset kokoontuivat yhteen. Amma sanoi, että vaikka olemmekin kuin pieniä kynttilöitä, kun kokoonnumme yhteen rukoilemaan kaikkien olentojen hyvinvoinnin puolesta, meidän valomme voi valaista koko maailmaa.

LUKU 15

Sanjaasa on mielentila

Tyytyä vähään on suurinta viisautta. Ken kasvattaa rikkauksiaan, hän lisää huoliaan, mutta tyytyväinen mieli on salattu aarre, sillä sitä eivät ongelmat löydä.

– Akhenaton, egyptiläinen faarao

Kun puhumme autuuden, ilon tai rauhan löytämisestä sisältämme, monet ajattelevat, että tällaiset asiat on parasta jättää munkeille, ja että jos ei elä luostarissa tai ashramissa, ei ole toivoa saavuttaa tällaisia täyttymyksen tiloja.

Itse asiassa yksi ajatelma Shankaracharyan *Viisi henkistä elämää koskevaa säettä* kuuluu näin:

nijagṛhāttūrṇaṁ vinirgamayatāṁ

Jätä kokonaan ja aikaa hukkaamatta kotisi.

Tämän päivän maailmassa on vaikeaa seurata tätä ohjetta kirjaimellisesti. Menneinä aikoina ihmiset olivat valmistautuneet nuoresta iästä alkaen etenemään kohti lopullisen luopumisen päämäärää, ainakin ollessaan lähellä elämänsä päätösvaihetta. *Vedat* jakavat ihmiselämän neljään eri *ashramaan* (vaiheeseen) ja entisaikaan kaikki kasvoivat siihen ymmärrykseen, että myös he kävisivät lävitse nämä neljä eri vaihetta.

Ensimmäinen vaihe on nimeltään *brahmacharya*, jonka aikana lapsi koulutettiin *gurukulassa* (perinteinen sisäoppilaitos).[1] Akateemisten aineitten lisäksi guru opetti oppilaalle ihmiselämän päämäärää: sen oivaltamista, että olemme yhtä Brahmanin, Absoluutin kanssa. Oppilas sai myös kaiken tarpeellisen opastuksen siihen, miten elää tasapainoista elämää maailmassa.

Vapauduttuaan gurukulasta nuorella oli mahdollisuus valita: lähteäkö kokosydämisesti henkiselle polulle ja ryhtyä *sanjaasiksi* (munkiksi) vai elääkö avioliitossa ja ryhtyä harjoittamaan sanjaasaa myöhemmin elämässään. Sanjaasaa pidettiin tavoiteltavana kaikille, kyse oli vain ajoituksesta.

He, jotka valitsivat avioelämän ja halusivat lapsia, etenivät kahteen eri elämänvaiheeseen ennen sanjaasaa. Ensimmäinen on nimeltään *grihastashrama*. Se tarkoitti sitä, että rakennetaan uraa, mennään naimisiin ja saadaan lapsia. Tämä ajanjakso salli ihmisen toteuttaa halunsa, kypsyä kokemuksiensa kautta ja puhdistaa mieltään täyttämällä tehtävänsä ja velvollisuutensa kirjoitusten edellyttämällä tavalla. Saatuaan hyvän koulutuksen brahmacharya-jakson aikana, ja harjoittaen erottelukykyä ihminen ymmärsi lopulta, että haluilla ei ole loppua eivätkä ne lahjoita pysyvää onnea. Kun lapset olivat lopulta kasvaneet ja kykenivät tulemaan toimeen omillaan, ihminen oli valmis astumaan seuraavaan ashramaan, joka on nimeltään *vanaprashta* (metsäelämä).

Vanaprashtan elämänvaiheessa aviopuolisot vetäytyivät yksinäiseen paikkaan (tuohon aikaan yleensä metsään) ja elivät yhdessä sisarena ja veljenä. Suhteellisen vapaana velvollisuuksista ja saavutettuaan mielen puhtautta he olivat vapaita omistautumaan henkisille harjoituksille. Lopulta he astuivat täydellisen luopumisen tielle, sanjaasaan.

---

[1] Gurukula tarkoittaa kirjaimellisesti 'mestarin koulua', koulua jota henkinen mestari piti, yleensä kotonaan.

Tässä mielessä voimme havaita, että Shankaracharyan neuvo, 'jätä kotisi', ei ole niin maata mullistava. Luopuminen nähtiin oman elämän luonnollisena kehityskulkuna. Tämän päivän maailmassa tarkastelemme tätä ohjetta eri näkökulmasta, koska emme ole valmistautuneet ottamaan tällaista askelta. Voimme ymmärtää Shankaracharyan neuvon psykologisesti, ollessamme kotona voimme kehittää sisäistä takertumattomuuttamme.

Vaikka emme voi seurata ohjetta kirjaimellisesti, joudumme silti kohtaamaan mielen luomat ongelmat. Joudumme ylittämään mielen riippuvuudet, mieltymykset, vastenmielisyyden tunteet, halut ja pelot.

Amma sanoo, että sanjaasin okranvärinen vaatetus edustaa kehoon ja mieleen samastumisen palamista samastumattomuuden tulessa. Se tarkoittaa sitä, että ei omaa halua maallisia saavutuksia kohtaan ja että koko elämä on omistettu Jumalan tai Itsen oivaltamiselle. Vaate on kuitenkin vain symboli, muistutus tavoitteesta. Joillakin ihmisillä on sanjaasin tasoinen takertumattomuus, vaikka heillä ei olekaan okranvärisiä vaatteita. Amma pitää vain valkoisia vaatteita, mutta hänen mielensä on täydellisen takertumaton. Sanjaasa on lopulta mielentila. Moni hindu-perinteen pyhimys on elänyt perheensä parissa, mutta sisäisesti he ovat olleet todellisia sanjaaseja. Amma sanoo, että sanjaasan todellinen merkitys on sisäinen takertumattomuus.

Kerran vanaprasthan elämänvaiheessa oleva aviopari käveli yhdessä metsässä. Nähdessään muutamia arvokkaita jalokiviä maassa aviomies potki nopeasti hiekkaa niiden päälle. Hänen vaimonsa kysyi häneltä: "Miksi teit noin?"

"En halunnut, että näkisit noita timantteja", mies tunnusti. "Pelkäsin, että niiden näkeminen saisi sinut kaipaamaan maailman nautintoja."

"Näetkö nuo jalokivet yhä erilaisina kuin muut kivet?" hänen vaimonsa kysyi.

Amma sanoo, että meidän tulisi elää tässä maailmassa niin kuin voinokare, joka kelluu veden pinnalla. Vaikka voi on laitettu veteen, se on silti siitä erillään, takertumaton. Vene kelluu veden pinnalla, mutta jos vesi virtaa veneeseen, se uppoaa. Samalla tavoin, Amma sanoo, että voimme elää maailmassa, mutta maailman ei tulisi elää meissä. Amma tietenkin tietää, että tällaisen takertumattomuuden kehittäminen ei ole helppoa. Hän sanoo, että koko elämämme ajan etsimme tukea aina jostakin. Kun olemme vauvoja ja itkemme, silloin äiti antaa meille maitoa. Niin hänen kuuluukin tehdä, mutta näin alkavat myös riippuvuutemme ulkoisista asioista, kun saamme niistä lohdutusta ja turvallisuuden tunnetta. Lopulta suurin osa meistä rakastuu, menee naimisiin, saa lapsia ja näin tarina jatkuu. Olen kuullut tarinan eräästä miehestä, joka vei tämän riippuvuuden askelta pidemmälle. Miehen isä oli kuollut, kun hän oli ollut vielä pieni. Hänen poikansa synnyttyä, hän meni tapaamaan selvännäkijää. Selvännäkijä kertoi, että hänen isänsä oli syntynyt hänen pojakseen. Kuultuaan tämän mies juoksi kotiinsa ja sanoi kuusivuotiaalle pojalleen: "Oi isä, olen niin iloinen, että olet tullut takaisin!"

Toiset sanovat, että riippuvuuden puuttuminen tarkoittaa rakkauden puuttumista. Itse asiassa, koska Amma ei ole takertunut kehenkään hän kykenee rakastamaan kaikkia tasa-arvoisesti. Jos rakastamme jotakuta, tulemme riippuvaisiksi hänestä emmekä koe samanlaista rakkautta toisia kohtaan. Kaikki meidän rakkautemme on keskittynyt tuohon ihmiseen tai parhaimmillaan pieneen määrään ihmisiä.

Ammalla on miljoonia oppilaita ja hän näkee jokaisen heistä omana lapsenaan. Päivän jokaisena minuuttina vähintään yksi Amman oppilas käy läpi jonkinlaista kriisiä tai kärsimystä. He saattavat sairastua tai loukkaantua tai kärsiä taloudellisista menetyksiä. Yleensä kun lapsi on vaikeuksissa, äidistä tulee onneton eikä hän kykene ajattelemaan mitään muuta. Jos Amma olisi riippuvainen oppilaistaan, hän olisi onneton kaiken aikaa. Hän ajattelisi, että 'minun lapseni kärsii' eikä hän kykenisi sen hetkiseen työhön tai onnen tunteen jakamiseen heille, jotka ovat parhaillaan hänen edessään. Tietenkin Amma tuntee ja ilmaisee surua, kun hänen lapsensa kärsivät, mutta hän ei anna tuon tunteen ottaa itseään valtaansa. Siinä mielessä Amma on täydellisen takertumaton. Samaan aikaan hän rakastaa meitä kaikkia vailla ehtoja ja ikuisesti.

Parhaimmillaan meidän biologinen äitimme voi omistaa elämänsä onnellisuudellemme ja hyvinvoinnillemme. Lopulta hän kuolee, syntyy uudelleen ja hankkii itselleen uuden perheen. Siinä vaiheessa emme merkitse hänelle mitään, hän on unohtanut meidät kokonaan. Amma taas ei koskaan unohda meitä. Hän on luvannut johdattaa meidät päämäärään ja on valmis syntymään kuinka monta kertaa tahansa toteuttaakseen tämän.

Meidän tulisi pyrkiä elämään ja rakastamaan samalla tavoin. Amma sanoo, että tavallinen rakkaus on kuin lammikko, jossa bakteerit lisääntyvät. Kun olemme kiintyneet johonkuhun, sellaiset tunteet kuin viha, katkeruus ja mustasukkaisuus heräävät meissä. Amma taas sanoo, että takertumaton rakkaus virtaa kuin joki. Joen virtaa ei voi estää kivellä tai puunrungolla, sillä se virtaa niiden yli, ympäri ja ali. Jakaessamme rakkautta ja välittämistä lapsillemme, vanhemmillemme tai puolisollemme, ja kun teemme sen minkä voimme heidän puolestaan, meidän tulisi muistaa, että tapahtui heille sitten mitä tahansa, meidän Todellinen Itsemme säilyy silti aina samana.

Eräänä päivänä suuri pyhimys Adi Shankaracharya kohtasi *chandalan,*[2] jolla oli neljä lemmikkikoiraa. Shankaracharya pyysi chandalaa väistymään, jotta hän voisi jatkaa matkaansa. Liikahtamatta paikaltaan chandala kysyi pyhimykseltä: "Minkä haluat siirtyvän polulta? Tämän elottoman ruumiin vai sisällä asustavan Itsen?" Ja hän jatkoi sanoen: "Oi suuri askeetikko, olet sanonut, että Absoluutti on kaikkialla, sinussa ja minussa. Haluatko siis että tämä ruumis, joka on rakentunut viidestä alkuaineesta, pysyisi etäällä sinun ruumistasi, joka on myös rakentunut samoista alkuaineista? Vai haluatko erottaa puhtaan tietoisuuden, joka on läsnä täällä siitä samasta tietoisuudesta, joka on läsnä siellä?"

Samassa Shankaracharya tajusi erehdyksensä. Hän kumarsi nöyrästi chandalalle ja kirjoitti viisi säettä oikopäätä sanoen, että kuka hyvänsä jolla olisi tällainen tasa-arvoisuuden näkemys, vaikka hän olisi chandala, oli todellinen guru. Kun pyhimys oli saanut säkeet valmiiksi, chandala katosi ja hänen paikallaan nähtiin Shiva-jumala.[3]

Krishna sanoo *Bhagavad-Gitassa*:

vāsāṁsi jīrṇāni yathā vihāya
nāvāni gṛhṇāti naro 'parāṇi
tathā śarīrāṇi vihāya jīrṇāny
anyāni saṁyāti navāni dehī

Niin kuin ihminen, joka heittää pois kuluneet vaatteensa ja laittaa päälleen uudet vaatteet, niin hylkää sielu rappeutuneen ruumiinsa ja asettuu uuteen ruumiiseen.

(2.22)

---

[2] *Chandala* kuuluu alimpaan kastiin, joihin ei yhteen aikaan Intiassa koskettu lainkaan, koska he huolehtivat ruumiiden poltosta.

[3] Vaikka tämä tarina onkin kerrottu tässä näin, jotkut uskovat että itse asiassa yksi Shankaracharyan opetuslapsista kehotti chandalaa väistymään.

Atman (tietoisuus) elävöittää kehomme. Sanomme: "Rakas tyttäreni" tai "Kultaseni", mutta jos rakkaamme kuolee, sanommeko hänen ruumiilleen "Kultaseni"? Tosiasiassa rakastamme sielua, emme ruumista. Muussa tapauksessa sielun jättäessä kehon, jatkaisimme ruumiin rakastamista, mutta niin ei tapahdu. Poltamme tai hautaamme ruumiin niin pian kuin mahdollista. Yksi Amman laulaman laulun (*Manase Nin Svantamayi*) säe kuuluu:

ētu prāṇa prēyasikkuveṇḍi yitratayellāṁ niṅgaḷ
pāṭupeṭunnuṇḍo jīvanveṭinnupōlum
ā peṇmaṇipōluṁ tavamṛtadēhaṁ kāṇum nēraṁ
pēṭiccu pinmāṟuṁ kūṭe varukayilla

Rakkaimpasi jonka eteen olet ponnistellut kaiken aikaa,
välittämättä edes omasta elämästäsi,
jopa hän säikähtää kuollutta ruumistasi,
eikä hän seuraa sinua kuoleman jälkeen.

Kolmannessa tavassa tulkita Shankaracharyan lausumaa 'jätä kotisi', 'koti' tarkoittaa kehoa ja sitä että meidän tulisi asteittain kehittää itsessämme takertumattomuutta kehoamme ja sen tarpeita kohtaan. Tämä voi kuulostaa mahdottomalta tehtävältä, mutta Amman kaltaiset mahatmat osoittavat, että ihmisen mahdollisuuksien rajoissa on toimia tällä tavoin. Ei ole mitenkään epätavallista, että Amma antaa darshania kaksikymmentä tuntia ilman, että nousisi edes venyttelemään jalkojaan. Nuorena naisena hän lähti vanhempiensa talosta, ja eli ulkona rankkasateessa ja polttavan auringon alla useiden vuosien ajan. Yhdessä vaiheessa hän eli kuuden kuukauden ajan pelkästään tulasi-lehdillä ja vedellä. Jopa sen jälkeen, kun ensimmäiset brahmacharit asettuivat ashramiin, Amma ei koskaan kantanut huolta siitä, mihin hän asettuisi nukkumaan. Toisinaan hän nukkui jossakin kookospalmun alla, toisinaan navetan takana, joka oli muutettu ashramin ensimmäiseksi temppeliksi, toisinaan hiekalla lähellä takavesiä. Se ei ollut mikään ongelma hänelle, hän meditoi tai lauloi bhajaneita myöhäiseen yöhön ja sitten hän asettui makaamaan sinne, missä sattui olemaan. Eikä Amma edelleenkään huomioi oman kehonsa tarpeita, koska hän ei koe että hänen Itsensä rajoittuisi kehoon. Sen sijaan hän näkee Itsensä kaikkialla. Samalla tavoin kuin ikkunan läpi nähty taivas ei rajoitu millään tavoin ikkunan raameihin, ei Ammaa rajoitu kehoonsa.

Tällä hetkellä annamme liikaa merkitystä kehollemme. Haluamme säästää sen kaikilta vaikeuksilta. Jos jalkojamme alkaa särkeä hieman istuessamme meditaatiossa, emme ajattele, että ponnistelisimme jatkaaksemme istumista vaan haluamme nousta ylös ja lähteä. Amma sanoo, että sen sijaan, että palvoisimme Atmania (sielua), me palvomme kehoa. Jopa silloin kun menemme temppeliin uskonnolliseen seremoniaan, meikkaamme ja puemme kauniit vaatteet päällemme. Kirjoittamassaan laulussa (*Uyirayi Oliyayyi*) Amma sanoo:

rudhirāsthi māṁsattāl paritāpa durggandhappuriye
saṁrakṣikkunnu
purivātil puṛramellāṁ paripāvanamākkunnu
purināthane aṛiyunnila

Suojellen tätä säälittävää kaupunkia (kehoa),
verelle, luille ja lihalle haisevaa
puhdistamme vain kehon pinnan,
tuntematta sen Herraa.

Amma ei sano, että meidän tulisi jättää keho huomioimatta. Se on kulkuvälineemme matkallamme jumaloivallukseen ja sellaisena meidän tulisi huolehtia siitä oikealla tavoin. Mutta meidän tulee muistaa, että kehomme on apuväline eikä päämäärä.

Vuosia sitten ajoin Amman autoa hänen Etelä-Intian kiertu-eellaan. Muut ashramin autot olivat kaukana takanamme, jolloin Amma pyysi minua pysähtymään ja odottamaan heitä. Kello oli neljä iltapäivällä ja oli todella kuuma. Kun auto pysäytettiin, aloimme hikoilla. Huomatessani, että hikipisarat ilmestyivät Amman otsalle, kysyin voisinko laittaa ilmastointilaitteen päälle. Amma vastasi: "Ei, se olisi heikkoutta. Et sinä kuole sen takia, että hikoilet. Jos et kykene ylittämään tällaisia pieniä epämukavuuksia, kuinka voit toivoa voivasi ylittää paljon suurempia vaikeuksia?"

Vaikka emme kykenisikään ylittämään kehotietoisuuttam-me, meidän tulisi koulia itseämme ylittämään ainakin tällaisia perustavaa laatua olevia vastakohtia, kuten kuumaa ja kylmää, mukavuutta ja epämukavuutta ja niin edelleen. Se ei tarkoita sitä, että kylmällä ilmalla emme laittaisi lämpimiä vaatteita. Meidän on tunnettava omat rajamme ja pyrkiä ylittämään vastakohdat noiden rajojen sisäpuolella. Se tarkoittaa, että meidän ei tulisi olla liian riippuvaisia ulkoisista olosuhteista. Kesällä valitamme että on liian kuuma, talvella että on liian kylmä ja sadekaudella että sataa liikaa. Jos emme lopeta valittamista, koska voimme kokea rauhaa? Kouluttakaamme itsemme sietämään edes hieman epämukavuutta.

Moni ajattelee, että sen jälkeen kun ryhtyy maailmasta luopujaksi ei ole enää mitään velvollisuuksia. Juuri ennen Mahabharata-sodan alkamista Arjuna pyysi Krishnaa, joka toimi hänen vaununajajanaan, viemään taisteluvaunut sotatantereen keskelle. Sieltä käsin Arjuna tarkkaili vihollisleiriä ja näki monia läheisiä sukulaisiaan ja jopa oman jousiammunnan opettajansa asettuneena taistelumuodostelmaan häntä vastaan. Arjuna ajatteli: 'Kuinka voin tappaa nämä ihmiset? Olisi parempi, että ryhtyisin sanjaasiksi.' Krishnan vastaukset hänelle muodostavat *Bhagavad-Gitan*. Saatuaan vastaanottaa Krishnan jumalallisen opetuksen

Arjuna kykeni täyttämään velvollisuutensa, ryhtyen taistelemaan epäoikeudenmukaisia Kauravia vastaan takertumattomuuden hengessä.

Kerran mies, jolla oli kolme lasta, kutsui sanjaasin vierailulle kotiinsa. Annettuaan hänelle almuja mies ryhtyi puhumaan sanjaasille kolmesta pojastaan.

"Vanhin poikani on älykäs liikemies", hän ylpeili. "Hänen ohjauksessaan firma on menestynyt niin hyvin, että heidän on täytynyt kaksinkertaistaa työntekijämääränsä. Toinen poikani työskentelee toisessa yrityksessä ja hän on tehnyt niin kovasti töitä, että se on kolminkertaistanut aiemmat voittonsa."

"Entäpä kolmas poikasi?" sanjaasi kysyi ystävällisesti, jolloin isän todellinen syy kutsua sanjaasi luokseen paljastui.

"Hän on tyhjäntoimittaja", mies tunnusti onnettomana. "Hän on epäonnistunut surkeasti kaikessa mitä on yrittänyt. Itse asiassa mietin, että voisit ottaa hänen mukaasi ja tehdä hänestä opetuslapsesi."

Aivan niin kuin Arjuna halusi, moni ihminen etsii epätoivoissaan turvaa maailmasta luopumisesta voidakseen siten paeta elämän ongelmia. Jotkut ajattelevatkin, että vain heidän, jotka epäonnistuvat elämässä, tulisi luopua maailmasta. Molemmat ovat väärässä. Maailmasta luopuminen ei ole heitä varten, jotka ovat laiskoja tai tahtovat välttää velvollisuuksiaan vaan heitä varten, jotka haluavat aidosti oivaltaa totuuden ja jotka ovat ymmärtäneet, että maailman tarjoamat mukavuudet, saavutukset ja ihmissuhteet eivät auta heitä saavuttamaan päämäärää.

Amma kertoo seuraavaa tarinaa kuvatakseen sanjaasan todellista merkitystä ja voimaa. Kerran henkinen etsijä lähestyi vaeltavaa mahatmaa kysyen häneltä mitä tarkoitettiin sanjaasalla. Mahatma ei vastannut vaan pudotti kantamuksensa, jota hän oli kuljettanut mukanaan ja jatkoi kävelemistä. Etsijä, joka ei ollut tyytyväinen, kiiruhti mahatman perään huudahtaen: "Odota! Et vastannut kysymykseeni!"

Vastauksena mahatma kääntyi ympäri ja käveli takaisin kantamuksensa luo ja kohotti sen uudelleen olkapäälleen. Pysytellen yhä hiljaa hän jatkoi kulkuaan siihen suuntaan, minne oli ollut menossa.

Periksiantamaton etsijä seurasi mahatmaa ja pyysi häntä selittämään mitä hänen tekonsa oikein tarkoittivat. Lopulta mahatma pysähtyi ja puhui: "Kun pudotin kantamukseni, sen tarkoitti että sanjaasi luopuu riippuvuudesta kaikkiin maailman kohteisiin ja ihmisiin. Kun poimin kantamukseni jälleen, se tarkoitti sitä, että sanjaasi ottaa maailman taakan kantaakseen. Vain hän, joka on tarketumaton, voi todella palvella maailmaa."

Takertumattomuus ei tarkoita että vetäytyy kokonaan maailmasta ja sen toimista. Amma puhuu esimerkin vuoksi pankin kassanhoitajasta. Hän käsittelee enemmän käteistä päivän aikana kuin ansaitsee koko elämänsä aikana. Hän ei silti koe minkäänlaista riippuvuutta rahaa kohtaan, koska tämä raha ei ole hänen. Samalla tavoin kirurgi leikkaa satoja potilaita vuodessa ja tekee parhaansa parantaakseen heidän terveytensä ja pelastaakseen heidän elämänsä. Kirurgi neuvoo ja lohduttaa potilaitten rakkaimpia, mutta hän ei koe riippuvuutta ketään kohtaan. Jos hän kokisi riippuvuutta, hänen elämänsä olisi onnetonta, hän eläisi syyllisyydentunteen ja levottomuuden vallassa. Kun olemme tekemisissä läheistemme kanssa, meidän olisi pyrittävä samanlaiseen takertumattomuuden asenteeseen. Tehkäämme parhaamme kassanhoitajan ja lääkärin tavoin auttaaksemme toisia ja tuodaksemme onnea heidän elämäänsä ilman liiallista riippuvuutta ja takertuvuutta. Tällä tavoin voimme kehittää sanjaasin mielentilaa eläessämme maailmassa, täyttäen velvollisuutemme ja huolehtien rakkaimmistamme ilman, että luovumme sisäisestä rauhastamme.

LUKU 16

"Älkää pysähtykö ennen päämäärän saavuttamista!"

Pilkka ei tehoa heihin, jotka kuuntelevat ihmiskuntaa eikä heihin jotka seuraavat Jumalan jalanjälkiä, sillä he elävät ikuisesti.

— Kahlil Gibran

Tarina kertoo runoilija Rabindranath Tagoresta. Ollessaan eräänä iltana asuntolaivassa, hän luki kynttilänvalossa. Hänen ei olisi tarvinnut sytyttää kynttilää, sillä täysikuu sai taivaan ja vedet säteilemään hänen ympärillään, mutta runoilija joka oli täysin uppoutunut kirjaansa, ei havainnut ympäristöään. Yön syvän hiljaisuuden rikkoi vai silloin tällöin linnun siipien havina sen lentäessä hänen laivansa yli tai loiskauksen ääni kalan hypähtäessä järven pinnalla.

Lopulta häntä alkoi väsyttää, jolloin hän puhalsi kynttilän sammuksiin. Tehdessään niin hän huomasi yhtäkkiä ympäristönsä kauneuden. Kynttilän keltainen valo oli peittänyt alleen kuun hopeisen hohteen. Kala hypähti ja hän katsoi miten se loiskahti takaisin veteen. Muutama valkoinen pilvi purjehti taivaalla ja heijastui tyynen, hopeisen veden pinnalle.

"Mikä typerys olenkaan ollut!" Tagore mumisi itsekseen. "Olen etsinyt kauneutta kirjoista ja samaan aikaan kauneus kolkuttaa ovelleni, odottaen että päästäisin sen sisälleni. Etsiessäni kauneutta kynttilänvalon avulla pidin kuunvalon loitolla."

Tagore oivalsi samalla, että egon välkkyvä valo estää meitä kylpemästä Jumalan loisteliaassa valossa. Meidän on vain puhallettava egon kynttilä sammuksiin, astuttava ulos itsekkäiden halujemme komerosta ja nähdä Jumalan kauneus kaikessa loistossaan.

Noin kaksikymmentä vuotta sitten eräs länsimaalainen tuli ashramiin. Ruokailimme kaikki yhdessä pienessä ruokasalissa. Aterian jälkeen otin Amman lautasen ja menin pesemään sen keittiöön. Yleensä Intiassa pesemme ruokailun jälkeen lautaset keittiön ulkopuolella, koska lautasten ajatellaan olevan epäpuhtaita siihen asti kunnes ne on pesty ja keittiön, missä ruoka valmistetaan, tulee säilyä puhtaana. Mutta tämä länsimaalainen, joka näki että pesin Amman lautasta siellä, tuli myös sinne pesemään. Selitin ystävällisesti, että lautaset pitää pestä keittiön ulkopuolella, että pesen vain Amman lautasen keittiössä. Hän sanoi, että hän pesisi lautasensa mieluummin keittiössä. Kehotin häntä jälleen menemään ulos selittäen, että Amma oli meidän gurumme, ei mikään tavallinen ihminen. Amma on aina tietoinen Absoluutista ja sen tähden saatoin pestä hänen lautasensa keittiössä. Hän vastasi tylysti: "Minäkin olen Absoluutti. Mitä eroa on hänellä ja minulla? Minä aion pestä lautaseni täällä!"

Tällainen voimakas reaktio hänen puoleltaan oli selkeä merkki hänen kehittymättömyydestään ja itsekkyydestään. Vaikka hän sanoikin: "Minä olen Brahman", hän oli selkeästi samastunut kehoonsa, mieleensä ja älyynsä.

Amma sanoo: "Totuuden hienosyistä olemusta ei voi ymmärtää ja kokea ilman henkisiä harjoituksia."

Jos sanomme, että "Minä olen Brahman", mutta emme ole tehneet tarvittavia harjoituksia kokeaksemme tätä totuutta, olemme kuin eräs mies, joka ylpeili, että hän kykeni näkemään jopa pilkkopimeässä.

"Jos niin on, niin miksi näemme sinun toisinaan kantavan valoa kulkiessasi kadulla?"

"Siksi, että toiset ihmiset eivät törmäisi minuun", mies selitti.

Amma kertoo tarinaa *pandiitista*, oppineesta, joka toisteli jatkuvasti: "Minä olen Brahman, minä olen Brahman", kunnes joku rohkeni pistää häntä neulalla takaapäin. Raivoissaan *pandiitti* ryhtyi lyömään ja sättimään syyllistä.

Toinen tunnettu tarina kertoo Sadashiva Brahmendrasta, mahatmasta, joka sävelsi kauniin laulun *Sarvam Brahmamayam, Kaikki on Jumalaa*. Tämä Tamil Nadusta kotoisin oleva autuas pyhimys tapasi vaeltaa alastomana kaduilla, mieli sulautuneena Itsen autuuteen. Kerran hän vaelsi palatsiin aatelisten ollessa parhaillaan kokoontuneena kuninkaan ympärille. Kuningas, joka ajatteli että mies oli hylkiö, piti hänen alastomuuttaan loukkauksena kruunuaan kohtaan ja määräsi hänet peittämään itsensä. Mahatma ei räpäyttänyt silmäänsäkään, saatikka että olisi pyrkinyt peittämään alastomuuttaan, sillä hän ei kiinnittänyt ympäristöönsä lainkaan huomiota.

Kun Sadashiva Brahmendra ei reagoinut hänen käskyihinsä, kuningas asettui hänen eteensä, veti miekkansa esille ja leikkasi hänen käsivartensa irti. Kuningas oli varma siitä, että tästä hän saisi sellaisen opetuksen, jota ei koskaan unohtaisi. Mahatma havaitsi, ettei voisi kulkea enää siihen suuntaan, kääntyi tyynesti ympäri ja alkoi kävellä toiseen suuntaan.

Kun kuningas näki tämän hylkiön reaktion hänen väkivaltaiseen iskuunsa, hän oivalsi iskeneensä mahatmaa. Kauhistuen omaa virhettään hän ajatteli: 'Kuninkaana minun velvollisuuteni on suojella alamaisiani ja nyt minä olen iskenyt heistä kaikkein arvokkainta.' Ajatellen riistävänsä oman henkensä katumuksesta kuningas syöksyi mahatman perään katkaistu käsivarsi yhdessä kädessään ja miekka toisessa. Saavutettuaan tämän hän kumartui ja otti kiinni mahatman jaloista, vuodatti kyyneleitä ja itki katkerasti. Kuninkaan voimallinen katumus sai Sadashiva Brahmendran kiinnittämään häneen huomionsa, vaikka miekan isku ei ollut saanut sitä aikaiseksi. "Mikä sinua huolettaa?" hän kysyi kuninkaalta.

Kuningas näytti pyhimyksen irti sivallettua käsivartta tarjoten sitä takaisin ja sanoen: "Oi Siunattu, anna anteeksi tälle tietämättömälle typerykselle, joka on tehnyt Sinun Pyhyydellesi suuren vahingon."

"Kukaan ei ole tehnyt vahinkoa eikä ketään ole vahingoitettu", mahatma vastasi. Sanottuaan näin hän otti vastaan kuninkaan irti leikkaaman käsivarren ja laittoi sen takaisin paikoilleen omaan kehoonsa. Heilautettuaan toista kättään haavan yläpuolella, hänen kehonsa tuli jälleen hetkessä ehyeksi.

Tämä ei ole mikään satu. Se tapahtui vähän yli kaksisataa vuotta sitten, Yhdysvaltain vallankumouksen aikoihin ja monen silminnäkijän kertomus vahvistaa tämän Tamil Nadun historiankirjoissa. Tämä tapahtuma merkitsi sekä mahatman että kuninkaan elämässä käännekohtaa. Kuningas luopui vallasta ryhtyäkseen maailmasta luopujaksi ja mahatma luopui vaeltelevasta elämästään estääkseen toisia syyllistymästä tietämättään *papaan* (syntiin tai pahaan tekoon). Tämän pyhimyksen kohdalla toteamus "Kaikki on Brahmania", ei ollut pelkkiä sanoja vaan hänen sisäinen kokemuksensa.

Samalla tavoin Amma sanoo: "Minä olen rakkaus. Katkeamaton rakkaus virtaa minusta kaikkia kohtaan". Nämä eivät ole pelkkiä sanoja, vaan voimme nähdä tämän heijastuvan hänen teoissaan. Darshanin aikana hänen kehonsa joutuu kestämään kaikenlaista painetta. Ihmiset puristavat häntä, nojaavat häneen, polvistuvat hänen jalkateränsä päälle, mutta Amma ei koskaan suutu heille. Hän ei edes ilmaise heidän aiheuttamaa kipua tai epämukavuutta, jotta he eivät tuntisi syyllisyyden tunnetta tai pahoittaisi mieltään. Amma antaa darshania tuhansille joka päivä ja jokainen, ensimmäisestä viimeiseen, saa osakseen saman rakkauden. Amma sanoo, että kaikki mitä hän tekee, jokainen hänen ajatuksensa, sanansa ja tekonsa, nousevat siitä ylitsevuotavasta rakkaudesta, jota hän tuntee meitä kohtaan. Amma on täynnä ystävällisyyttä ja rakkautta jopa heitä kohtaan, jotka ovat halunneet nähdä hänet kuolleena. Tämä osoittaa sen, että Amma on vakiintunut siihen mitä hän sanoo: "Minä olen rakkaus."

Kerran eräs mies kysyi Ammalta: "Amma, saatuani mantran sinulta, mitä minun tulee tehdä seuraavaksi?"

"Toista sitä säännöllisesti, vilpittömästi ja antaumuksella," Amma vastasi.

"Entä sitten?" mies kysyi.

"Sinussa kehittyy tietynasteinen keskittyneisyys," Amma sanoi.

"Ja mitä sitten tapahtuu?" mies kysyi.

"Kykenet vetämään mielesi ympäristöstäsi ja meditoimaan pitkän aikaa", Amma vastasi kärsivällisesti.

"Entä sitten?"

"Voit saavuttaa *samadhin*." [1]

"Mitä sen jälkeen tapahtuu?"

"Saavuta ensin tuo taso", Amma sanoi. "Sitten voi tulla takaisin ja kysyä seuraavista askelista."

Tällä miehellä oli vain älyllistä uteliaisuutta henkistä elämää kohtaan, hänellä ei juurikaan ollut aikomusta harjoittaa sitä.

Amma sanoo, että yksi kaikkein tärkeimmistä henkisen oppilaan tuntomerkeistä on palava halu oivaltaa totuus. Mies,

---

[1] Samadhi on transsendenttinen tila, jossa ihminen menettää kehotietoisuutensa.

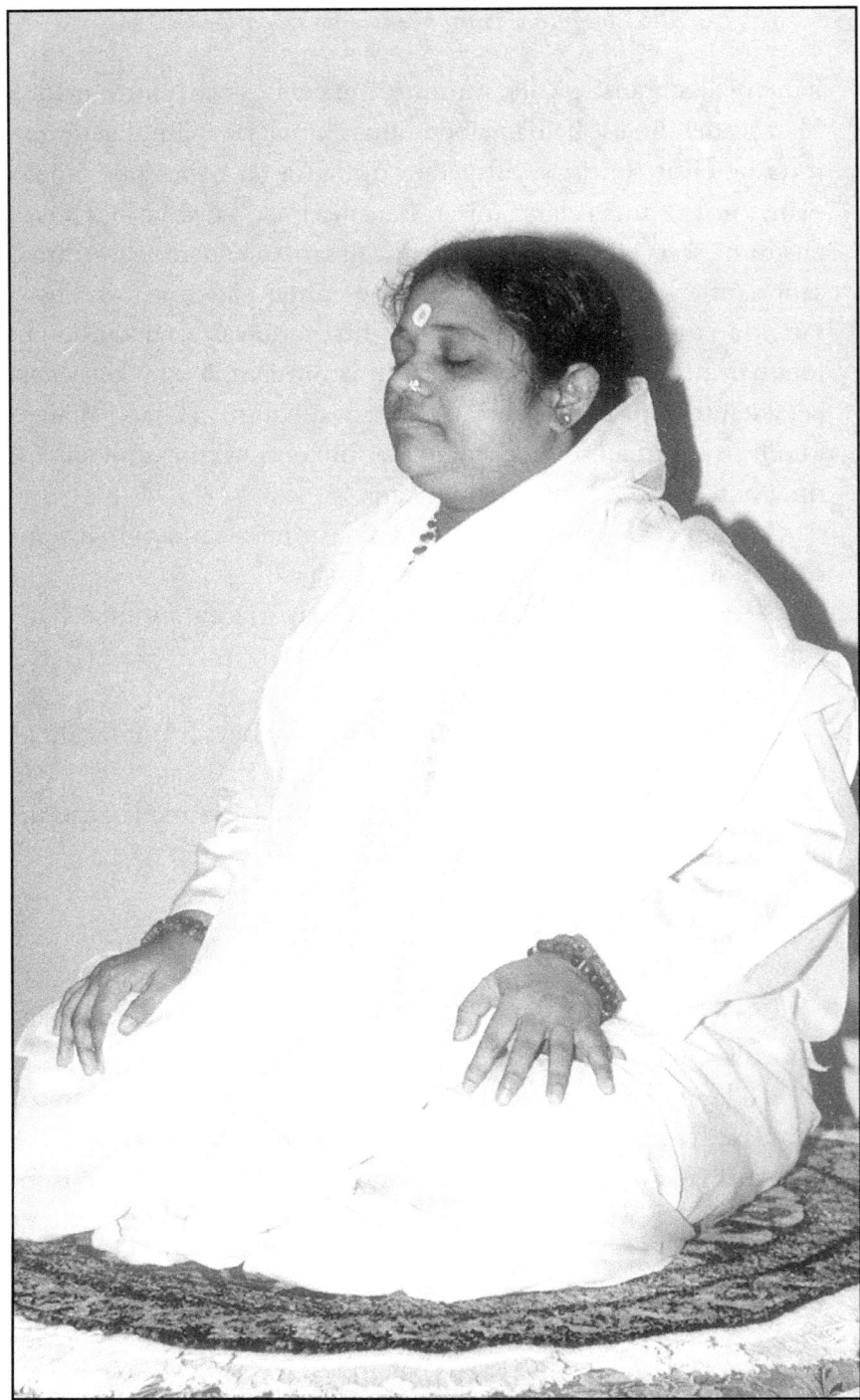

jonka vaatteet ovat syttyneet palamaan, ei kysy ohikulkijalta: "Mitä minä teen?"

Sen sijaan hän syöksyy sinne missä on vettä, oli se sitten puhdasta tai likaista, ei hän siitä välitä. Meillä tulisi olla samanlainen polte, palava halu tuntea Jumala. Vaimea asenne ei auta meitä kehittymään. Vapautuksen kaipuu on kuin uisi joen virtaa vasten. Muut halut tempaavat meidät jatkuvasti virran matkaan. Mielemme ei salli meidän koskaan olla hiljaa. Jos yritämme istua hiljaisuudessa liikkumatta, mielemme alkaa kapinoimaan sanoen: 'Miksi minun pitäisi istua täällä yhdessä paikassa, kun on olemassa monia mielenkiintoisia asioita, joita voin tehdä ja joista voin nauttia? Älä ole typerä! Nouse ylös!' Mieli ei kestä sitä, että sitä rajoitetaan. Jos yritämme hallita mieltä, se alkaa vastustelemaan ja kapinoimaan.

Hevonen, jolla on laput silmiensä sivuilla, kykenee katsomaan vain eteenpäin. Samalla tavoin henkisinä etsijöinä ympäristömme ei tulisi hämmentää meitä. Meidän olisi pidettävä päämäärä kaiken aikaa mielessämme. Vain jos kehitämme itsessämme *lakshya bodhaa* (päämäärätietoisuutta) ja pyrimme johdonmukaisuuteen, tulee jokaisesta toimestamme *sadhanaa* (henkistä harjoitusta).

Emme voi sanoa, että tämä olisi mahdotonta. Jos katsomme tarkkaan, huomaamme että meillä on jo kyky olla tietoisia ja keskittyä tiettyyn päämäärään. Eräs nainen esimerkiksi tulee usein ohjelmaani eräässä kaupungissa Intiassa. Hän tapasi nauraa hysteerisesti jopa pienimillekin vitseilleni. Sitten eräänä päivänä puhuessani huomasin, että hän ei nauranut kertaakaan vaikka kerroin useita vitsejä tuona iltana. Näin jatkui seuraavien päivien ajan. Oli aihe mikä hyvänsä, hän näytti aina hyvin vakavalta. Olin utelias mikä oli aiheuttanut tämän muutoksen, niinpä kuljettuani hänen ohitseen ohjelmani viimeisenä päivänä, pysähdyin ja kysyin mitä hänelle oli tapahtunut. Hän selitti, että oli juuri saanut tekohampaat ja että hän pelkäsi, että ne putoaisivat, jos hän nauraisi. Vaikka hän halusikin nauraa vitseilleni, hän kertoi joutuneensa hillitsemään itseään, ettei syntyisi noloa tilannetta. Hänen päämääränsä oli estää uusia tekohampaita putoamasta ja siksi hän esti itseään nauramasta. Samalla tavoin Amma sanoo, että kun tulemme tietoisiksi elämän henkisestä päämäärästä ja olemme vilpittömiä sen saavuttamisen suhteen, kykenemme harjoittamaan itsekuria.

Puhuttaessa säännöllisestä henkisten harjoitusten aikataulusta Amma sanoo: "Se on kuin herätyskello, joka herättää meidät. Eräällä miehellä oli tapana herätä joka aamu kello kahdeksan. Kerran hänellä oli haastattelu kello kymmenen, mutta ehtiäkseen haastattelun paikkakunnalle, hänen täytyi herätä jo neljältä. Niinpä hän laittoi herätyskellon soimaan ja siksi hän onnistui heräämään neljältä. Herätyskello auttaa meitä lisäämään tietoisuuttamme. Samalla tavoin tarvitsemme perussääntöjä ja määräyksiä niin kuin lapsi kouluun mennessä tarvitsee aikataulun. Hiljalleen kykenemme saamaan mielemme hallintaan."

Amma antaa seuraavanlaisen esimerkin: ota puunpalanen ja yritä upottaa se veden alle. Joka kerta kun se nousee pintaan, työnnä se veden alle. Heti kun lasket otteesi, puunpalanen ponnahtaa jälleen pinnalle. Puunpalanen ei pysy veden alla, mutta kun toistamme tätä toimenpidettä jatkuvasti, meidän lihaksemme kehittyvät. Samalla tavoin vaikka emme kykenisikään henkisten harjoitustemme alkuvaiheessa keskittymään, aikataulussa pysyminen auttaa meitä mielemme hallitsemisessa ja pitää meidät oikealla polulla.

Toisinaan saatamme lopettaa sadhanamme ajatellen, että emme kehity lainkaan. Saatat ajatella, että et kykene toistamaan mantraa keskittyneesti, miksi siis jatkaisit sitä? Tai toivomme, että saisimme jonkin kokemuksen meditaatiomme aikana, ja kun mitään merkittävää ei tapahdu, menetämme toivomme. Tällainen asennoituminen ei ole oikeanlainen, meidän on jatkettava sitkeästi harjoituksiamme. Amma puhuu vastavirtaan uimisesta. Voi olla että emme etene nopeasti tai emme ollenkaan, mutta jos lopetamme ponnistuksemme, virta vie meitä nopeasti takaisinpäin. Samalla tavoin sadhanamme estää meitä hukkumasta kokonaan kielteisten ominaisuuksiemme ja itsekkäiden halujemme virtaan.

Yksi Amman oppilaista, joka oli ollut ashramissa monia vuosia, havaitsi ettei hän kyennyt vieläkään hallitsemaan tulista luonnettaan. Hän kysyi Ammalta voisiko hän olla vuoden hiljaisuudessa ja viettää suurimman osan ajastaan meditoiden. Amma suostui. Tuon vuoden aikana, vaikka hän menettikin malttinsa muutamia kertoja, ei hän voinut kuitenkaan sättiä tai huutaa kenellekään, koska ei halunnut rikkoa hiljaisuusvalaansa. Vuoden kuluttua hän ryhtyi jälleen puhumaan ja kävi pian ilmi, että hänen luonteessaan ei ollut tapahtunut suurta muutosta. Kun mies sitten haukkui yhden ashramin asukkaista, hän valitti yhdelle brahmachareista: "Kokonaisen vuoden ajan hänen ainoa tehtävänsä on ollut kehittää itsessään kärsivällisyyttä ja ystävällisyyttä ja jopa siinä hän oli epäonnistunut. Mitä siis hyödyttävät kaikki nämä *tapas*-harjoitukset (itsekuriharjoitukset)?"

Eräs brahmachari katsoi asiaa valoisalta puolelta sanoen: "Ainakaan hän ei häirinnyt ketään tuon vuoden aikana!"

Amma sanoo, että henkistä polkua voisi verrata pitkänmatkan lentoon. Ollessamme lentokoneessa emme tunne liikkuvamme suurella nopeudella, mutta muutamien tuntien kuluttua lentokone laskeutuu toiseen maahan tuhansien kilometrien päässä. Meidän ei tule olla huolissamme vaikka emme omaisikaan keskittyneisyyttä, ainakin saavutamme *asana siddhin*.[2] Jos emme kykene

---

[2] *Asana siddhi* tarkoittaa istumisen täydellisyyttä. Se on Patanjalin jooga-ajatelmissa kolmas askelma 8-askeleen polulla vapautukseen. Kaksi ensimmäistä askelmaa

meditoimaan tai toistamaan mantraa, voimme ainakin lukea henkistä kirjallisuutta. Kaikkein tärkeintä on kehittää itselleen aikataulu ja istua tietty määrä joka päivä. Sadhanamme tulee olla vakaata ja säännöllistä, ei riitä että harjoitamme aina silloin tällöin. Itse-oivalluksen saavuttamisen mahdollisuuden epäileminen on suurin este henkisen oppilaan elämässä. Vapautustaan edeltävänä yönä Buddha istuutui bodhi-puun alle päättäen: 'Vaikka tämä keho kuivuisi ja kuolisi, minä en liiku tästä paikasta ennen kuin lopullinen viisaus on herännyt minussa."

Swami Vivekananda tapasi kehottaa seuraajiaan sanoen: "Nouskaa! Herätkää! Älkää pysähtykö ennen kuin päämäärä on saavutettu!"

Samalla tavoin Amma kehottaa meitä olemaan periksi antamattomia ponnisteluissamme eikä luopua koskaan toivosta, riippumatta siitä kuinka monia esteitä kohtaamme.

"Henkisellä polullamme voi sattua monia epäonnistumista. Jos epäonnistumme, on tärkeää että emme jää makaamaan maahan nauttien tilanteesta. Meidän tulee nousta ylös ja ponnistella voidaksemme kävellä eteenpäin. Mikään ponnistus henkisellä polulla, ei mene koskaan hukkaan. Voi kestää koko elämän oivaltaa Jumala. Itseasiassa se voi viedä monia elämiä. Meidän tulee vain jatkaa ponnistelujamme. Ei ole muuta keinoa. Jokainen joutuu kulkemaan henkistä polkua joko tänään tai huomenna. Jos kohtaamme esteen, meidän tulee ylittää se."

Taivaalta sataa vettä ja lunta. Sade ja lumi muodostavat joen, joka virtaa alas vuorilta, kuljettaen mukanaan matkan aikana kertynyttä monenlaista tavaraa, kunnes lopulta se sulautuu valtamereen. Jos joki kohtaa suuremman esteen kuin ison kiven, se

---

ovat *yama* ja *niyama*, ohjeet sen suhteen mitä henkisessä elämässä tulisi tehdä ja mitä ei tulisi tehdä.

voi virrata sen yli tai muuttaa suuntaansa, mutta silti se jatkaa virtaamistaan kohti valtamerta.

Elämän virta ei ole sattumanvarainen, aivan niin kuin joella, sillä on alkulähteensä ja määränpäänsä. Elämän alkulähde on puhdas tietoisuus. Elämän matkan päämäärä on oivaltaa ykseytemme Korkeimman Itsen kanssa. Joki kuljettaa mukanaan monenlaisia vieraita esineitä, kuten jätteitä, ajopuita ja hiekkaa, jotka eivät ole joen todellista olemusta. Ne vain hidastavat sen kulkua. Samalla tavoin me olemme keränneet elämämme matkan varrella itsellemme tottumuksia, loukattuja tunteita, muistoja ja haluja. Mutta nämä eivät ole syvintä olemustamme, vaan meidän on vapauduttava niistä voidaksemme saavuttaa määränpäämme.

LUKU 17

Toivoa maailmalle

*Maailman tulisi tietää, että on mahdollista elää omistaen
elämänsä epäitsekkäälle rakkaudelle ja palvelutyölle.*"

– Amma

Haaksirikkoutunut merimies, joka oli viettänyt useita vuosia autiosaarella, oli riemuissaan nähdessään rannikolla laivan ja pienen pelastusveneen lähestyvän. Kun vene saapui hiekkarannalle, laivan perämies käveli auringonpolttaman merimiehen luo ja ojensi hänelle kasan sanomalehtiä sanoen: "Kapteeni sanoi, että sinun tulisi tutustua näihin ja lukea viimeisimmät uutiset. Kerro sitten meille haluatko vielä tulla pelastetuksi."

Viime vuosien aikana Amma on keskittynyt hyväntekeväisyystyöhön enemmän kuin koskaan aiemmin. Tämä on johtunut suurelta osin aikakaudesta, jota elämme. Amma on tehnyt parhaansa helpottaakseen eri puolilla maailmaa sattuneiden luonnonkatastrofien uhreja. Kesällä 2005 Yhdistyneet Kansakunnat nimesi Amman ashramin neuvoa antavaan asemaan tunnustuksena erittäin tehokkaasta ja kauaskantoisesta työstä sosiaalityön eri aloilla.

Ennen kuin aurinko laski vuoden 2004 tsunamin päivänä, Amma oli jo ryhtynyt antamaan ruokaa, suojaa ja lääketieteellistä apua tuhansille kodittomille uhreille. Moni lukijoista saattaa tietää, että pian tämän katastrofin jälkeen Amma lupautui tekemään 23 miljoonan dollarin edestä avustustyötä tsunamin uhrien hyväksi. Suuri osa tästä lahjoituksesta toteutui rakentamalla 6200 taloa

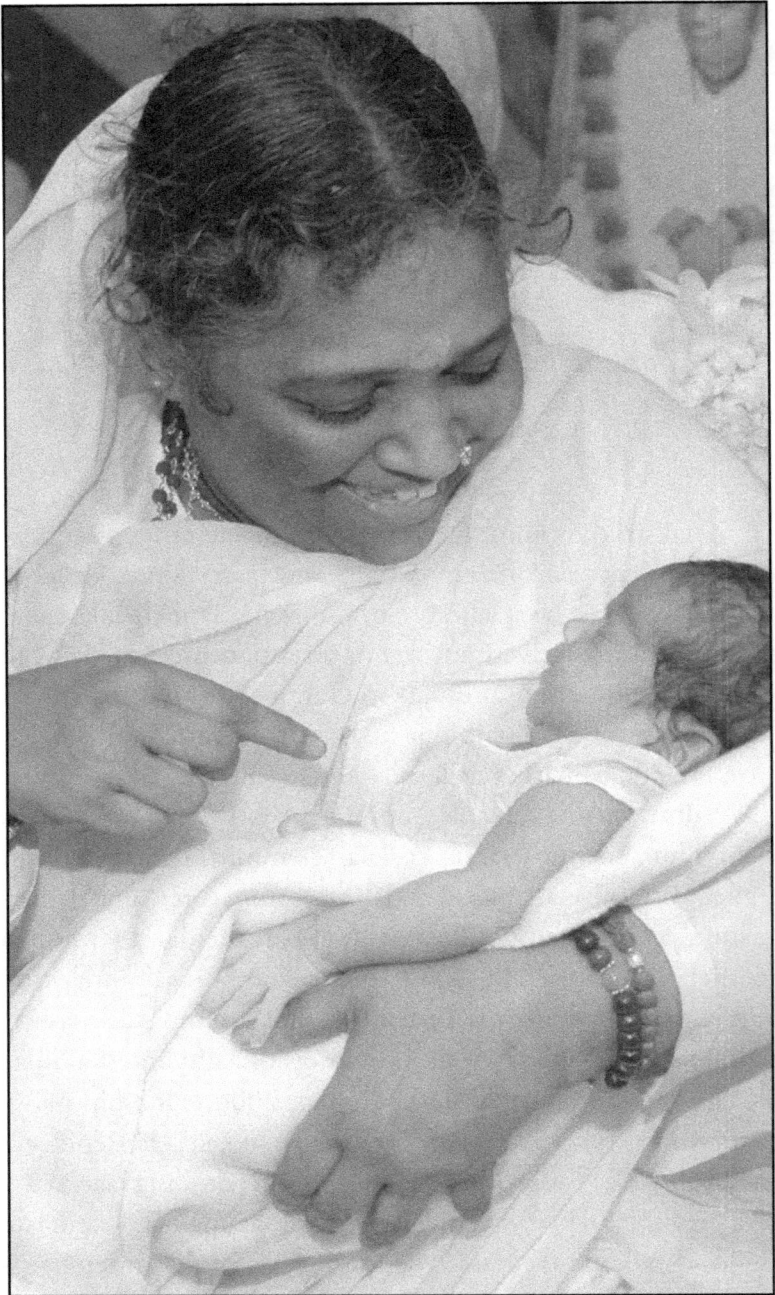

Tsunamin jälkeen Amman Amrita-sairaala suoritti sterilisoinnin purkamisen seitsemälle äidille, jotka olivat menettäneet kaikki lapsensa katastrofissa. Amma pitää sylissään yhtä heidän uusista vauvoistaan.

Intian molemmille rannikoille, Sri Lankaan sekä Andamanin saarille tsunamin kodittomiksi tekemille ihmisille. Hallituksen ohjeet talojen rakentamisen suhteen tulivat vasta sen jälkeen, kun Amma oli ilmoittanut apupaketistaan, jolloin kävi ilmi, että apupaketin kustannukset kaksinkertaistuisivat. Taloudellista tukea ei tullut sen enempää hallitukselta kuin muilta uskonnollisilta järjestöiltä tai hyväntekeväisyyslaitoksilta. Amma ei kuitenkaan halunnut perua lupaustaan. Sen sijaan hän ryhtyi suunnittelemaan alusta alkaen miten kuluja olisi mahdollista pienentää heikentämättä talojen kestävyyttä.

Tästä syystä vuoden 2005 kesäkiertueen aikana, Amma soitti jatkuvasti ennen ja jälkeen darshanin Intiaan antaakseen ohjeita, kuinka kuluja voitiin pienentää tarvikkeita hankittaessa ja kuinka opetuslapset voisivat ylittää ne esteet, joita he kohtasivat työskennellessään. Toisinaan hän soitti jopa kesken darshanin. Pitäessään jonkun päätä olkapäätään vasten, hän antoi ohjeita rakennustyön johtajalle, kertoen heille mistä ostaa hiekkaa, sementtiä, soraa ja mistä saada tarvittava vesi. Joissakin paikoissa tiet olivat niin huonossa kunnossa, että brahmacharien täytyi ensin kunnostaa tiet, jotta he saattoivat kuljettaa tarvikkeita paikanpäälle. Kirjoittaessani tätä lähes 4000 luvatusta 6200:sta talosta on saatu valmiiksi ja luovutettua avunsaajille. Jäljellä olevien talojen rakentaminen on jo alkanut.[1]

Jotkut toimittajat ovat kysyneet: "Onko Amma rikas? Mistä hän saa rahaa kaikkeen tähän?"

Vastaus kuuluu, että Amma ei ole aineellisesti ottaen rikas. Mutta jos asiaa katsotaan rakkauden, myötätunnon ja tiedon näkökulmasta, hän on äärettömän rikas. Amma sanoo, että kaikki mitä hän on saanut aikaiseksi, on ollut mahdollista ainoastaan

---

[1] Tätä käännettäessä kaikki talot on saatu valmiiksi ja luovutettu avuntarvitsijoille (kääntäjän huomautus).

hänen lastensa kovan työn ansiosta. Amma ei pyydä koskaan lahjoituksia. Hänen tilaisuutensa ovat aina ilmaisia, minne hyvänsä hän meneekään, eikä hänen darshaninsa ole koskaan maksullisia. Amma selittää, että ennen uuden hankkeen aloittamista hän kokee innoitusta asian suhteen, mutta ei koskaan laske, onko se taloudellisesti mahdollinen vai ei. Kun Amma näkee, että apua tarvitaan, hän ryhtyy auttamaan ja jumalallisen armon avulla tarvittavat voimavarat ilmestyvät aina.

Osa tsunami-työhön ja muihin hankkeisiin tarkoitetuista rahoista oli alun perin varattu muihin hankkeisiin, jotka Amma oli päättänyt aloittaa lähiaikoina. Amma sanoo, että tulevaisuus ei ole meidän käsissämme, vain tämä hetki on. Tästä syystä Amma koki, että hänen oli kohdennettava rahat näistä suunnitelluista hankkeista avustustyöhön, sillä siihen oli sillä hetkellä suuri tarve. Kun katastrofien uhrien tarpeet ovat kokonaan täytetyt, sen jälkeen hän keskittyy jälleen aiemmin suunniteltuihin hankkeisiin.

Vanha japanilainen tarina kertoo zenin harjoittajasta nimeltä Tetsuge. Hänen aikanaan buddhalaisia *sutria* (ajatelmia) oli saatavilla vain kiinan kielisenä. Tetsugen oli päättänyt julkaista ne japanin kielisinä. 1681 kopiota oli tarkoitus painaa puunkappaleille. Sutrat koostuivat kaiken kaikkiaan 7334 osasta, joten kyse oli mittavasta hankkeesta.

Tetsugen ryhtyi matkustamaan ja keräämään lahjoituksia tarkoitustaan varten. Muutamat asialle myötämieliset antoivat suuria summia, mutta enimmäkseen hän sai vain kolikoita. Hän kiitti jokaista lahjoittajaa samalla kiitollisuudella. Kymmenen vuoden kuluttua Tetsugenilla oli riittävästi rahaa hankkeen aloittamiseen.

Silloin alkoi joki tulvia, minkä seurauksena tuli nälänhätä. Epäröimättä hetkeäkään Tetsugen otti rahat, jotka hän oli kerännyt kirjaa varten ja käytti ne pelastaakseen ihmisiä nälkiintymiseltä. Sen jälkeen hän ryhtyi uudelleen keräämään rahaa.

Vuosia myöhemmin maassa riehui kulkutauti. Tetsugen antoi kaikki rahat, jotka oli kerännyt, jotta sairaille voitiin ostaa lääkkeitä. Sitten hän aloitti rahojen keräämisen kolmannen kerran ja kaksikymmentä vuotta myöhemmin vuonna 1681 hänen toiveensa toteutui. Painetut palikat, jotka muodostavat ensimmäiset japanin kieliset sutrat, ovat nähtävillä Obakun luostarissa Kyotossa.

Kerrotaan, että Japanin buddhalaiset sanovat lapsilleen, että Tetsugen teki kolmet sutrat, joista kahdet ensimmäiset ovat silmille näkymättömät, mutta ylittävät viimeisimmän, joka on nähtävillä luostarissa.

1980-luvun lopulla ashram alkoi kasvaa sekä pysyvien asukkaitten että Amman darshaniin tulevien vierailijoiden suhteen. Niinpä päätettiin, että tulisi rakentaa suurempi darshan-halli. Koska ashram oli vielä tuossa vaiheessa hyvin köyhä, oppilaat antoivat mitä kykenivät rakennustarvikkeiden kulujen kattamiseksi. Samaan aikaan lähettyvillä olevan orpokodin hallinto lähestyi Ammaa, sillä sen toiminta oli taloudellisesti vaakalaudalla eikä se kyennyt antamaan lapsille laadukasta hoitoa.

Kuultuaan lasten ahdingosta Amma päätti kohdistaa uudelleen rahavarat, jotka oli kerätty uutta darshan-hallia varten, jotta hän voisi ottaa orpokodin hallintaansa. Kun Amman brahmacharit saapuivat orpokotiin toukokuussa 1989, rakennukset olivat ränsistyneet ja lasten asuinolosuhteet olivat kammottavat. Ravinnosta puuttui tarpeellisia vitamiineja ja mineraaleja eivätkä lapset saaneet lainkaan maitoa. Ruokasali oli pieni, pimeä ja likainen huone, jonne vesi tulvi aina monsuuniaikaan, jolloin lasten oli syötävä seisaaltaan. Monien rakennusten katot vuotivat ja lattiat olivat peruuttamattomasti pilaantuneet vuosien tulvien seurauksena. Terveyspalveluita ei ollut, minkä takia monien lasten sairaudet olivat hoitamatta. Toimivia vessoja ei myöskään ollut.

Tänä päivänä orpokoti on kokonaan uudelleen rakennettu, kaikista lasten tarpeista, kiinnostuksen kohteista ja pyrkimyksistä huolehditaan. Amman orpokoti on samalla erinomainen koulu, missä lapset voivat opetella malayalamin lisäksi puhumaan sujuvasti sanskritin ja englannin kieltä. He voivat suorittaa päätökseen lukio-opintonsa, jonka jälkeen aika moni jatkaa korkeampiin opintoihin.

Mietin usein miltä aiemmista asukkaista mahtaisi tuntua vieraillessaan orpokodissa sen jälkeen, kun Amma oli ottanut sen haltuunsa. Sitten vuoden 2006 Euroopan kiertueella 29-vuotias malayalamin kielinen nuorukainen, joka oli elänyt Hollannissa vuodesta 1985 lähtien, tuli tapaamaan Ammaa. Orpopoika oli ollut yhdeksän vuoden ikäinen, kun hollantilainen pariskunta oli adoptoinut hänet ja hänen sisarensa Paripallyn orpokodista, vieden heidät kotiinsa Hollantiin. Tämä tapahtui vuonna 1985, neljä vuotta ennen kuin Amman ashram otti orpokodin hoitaakseen.

Kun tämä orpopoika, joka oli nyt nuori mies, päätti tulla Amman darshaniin, hän ei tiennyt että Amma huolehti nykyisin orpokodista, jossa hänet oli kasvatettu. Hänelle selvisi se vasta, kun hän tutki ashramin hyväntekeväisyyshankkeita Amman ohjelman aikana. Nähdessään valokuvia orpokodista sellaisena kuin se on tänä päivänä, hän ei tunnistanut paikkaa. Mutta sen pienen keralalaisen kaupungin nimi, missä tämä orpokoti yhä sijaitsee, ei jättänyt epäilyille sijaa. Nähdessään valokuvia rakkauden täyteisestä kodista, joka antoi sekä korkeatasoista koulutusta että huolenpitoa, miehen hengitys salpautui. Se mikä oli ollut hänelle elävä helvetti, oli muuttunut taivaaksi heille, jotka olivat tulleet hänen jälkeensä. Mutta tämä ei tullut liian myöhään tälle nuorelle miehelle, sillä taivas oli tullut Hollantiin.

"Kiitos todella paljon, Amma", tämä aikuinen orpo mumisi ollessaan Amman rakkauden täyteisessä syleilyssä. "Minulla on niin

Toivoa maailmalle

monia huonoja muistoja tuolta ajalta, jonka vietin orpokodissa. Olen niin onnellinen tietäessäni, että sinä olet ottanut paikan huolehtiaksesi ja muuttanut sen. Nyt minä uskon, että sillä oli oma tarkoituksensa, että menetin vanhempani ja tulin asumaan Hollantiin. Se oli minun kohtaloni. Niin tapahtui, jotta voisin tavata Amman täällä tänään."

Kaikki Amman hyväntekeväisyyshankkeet ovat olleet samalla tavoin välittömiä vastauksia apua tarvitseville. 1990-luvun puolivälissä joukko naisia lähikaupungista tuli Amman luo kertoen, että he asuivat kookosmajoissa. Joillakin naisista oli naimattomia tyttäriä mukanaan ja yhden tytön kimppuun oli hyökännyt joku irtolainen. Heidän majoissaan ei ollut ovea, jonka olisi voinut sulkea ja lukita, jotta he voisivat suojata itsensä ja lapsensa sekä erityisesti täysikasvuiset tytöt vaaroilta. Amma ryhtyi rakentamaan ilmaisia taloja ashramin läheisyyteen, ja vuonna 1996 vihittiin Amrita Kuteeramin ilmaisten talojen hanke. Tähän päivään mennessä 30 000 taloa on jo rakennettu ja päämääränä on rakentaa yhteensä 125 000 taloa.[2]

Kun toiset perheet kertoivat Ammalle, että he eivät kyenneet selviytymään menoistaan, koska eivät kyenneet ansaitsemaan tarpeeksi tai muista vaikeuksista johtuen, Amma perusti Amrita Nidhi eläkejärjestelmän, joka on järjestänyt 50 000 (v.) eläkettä tarvitseville eri puolilla maata.

Sama pätee terveydenhoidon hankkeisiin. Odotuslista sydänleikkaukseen on ollut Keralassa niin pitkä, että monet sydänpotilaat, joilla olisi ollut varaa leikkaukseen, ovat kuolleet odottaessaan. Monet tuhannet tulevat nyt Amman luo viimeisenä toivonaan, ja Amma vastaa heidän rukouksiinsa. Monet sivuashramit eri puolilla Intiaa ylläpitävät ilmaisia terveyskeskuksia. Amman Amritapurin

[2] Tätä kirjaa käännettäessä ilmaisia taloja on rakennettu 70 000 (kääntäjän huomautus).

ashram ylläpitää hyväntekeväisyyssairaalaa, joka hoitaa tuhansia joka viikko. Mumbain lähellä on syöpäsairaala, Trivandrumissa toimii AIDS-hoitokeskus ja hyväntekeväisyyssairaala köyhille heimoille, jotka asuvat eristyksissä kukkuloilla Keralan pohjoisosassa. Eri yhteisöjä autetaan järjestämällä kotikäyntejä parantumattomasti sairaille ja hermostollisista ongelmista kärsiville. Ilmaista hoitoa annetaan myös epilepsiasta ja sokeritaudista kärsiville. AIMS, Amman 1200-vuoteen sairaala Kochissa, Keralassa on omistautunut antamaan laadukasta hoitoa kaikille, riippumatta heidän maksukyvystään.

Orpokoti merkitsi Amman laaja-alaisen hyväntekeväisyystyön käynnistymistä. Tarkastellessamme niitä hyväntekeväisyyspalveluita, joita Mata Amritanandamayi Math tarjoaa, voimme havaita, että ne itse asiassa ilmentävät sitä mitä Amma on tehnyt lapsuudestaan alkaen. Hän on huolehtinut vanhuksista, köyhistä, unohdetuista ja kärsivistä.

Riippumatta siitä kuinka laajaksi tämä hyväntekeväisyysverkosto kasvaa, Amma on vakaasti heidän keskellään, jotka tarvitsevat kaikkein eniten hänen rakkauttaan ja myötätuntoaan. Kaikkien näiden saavutusten keskellä Amma ei ole koskaan lopettanut darshanin antamista. Vaikka hänen täytyy valvoa kaikki yöt lukien kirjeitä, pitäen palavereita ja puhuen puhelimessa, hän käyttää silti päivänsä hellien lapsiaan omin käsin. Amman esimerkin innostamana tuhannet ovat omistautuneet palvelemaan köyhiä, sairaita ja kärsiviä. Tällä tavoin hänellä on nyt monia käsiä.

Jotkut saattavat ihmetellä, miten Amma on voinut saada aikaan niin paljon niin lyhyessä ajassa. Osa vastauksesta on Amman vertaansa vailla olevassa esimerkissä, joka on tehnyt hänen vapaaehtoistyöntekijöistään innostuneempia ja omistautuneempia kuin toisista. Yksi Tamil Nadun hyväntekeväisyysjärjestön jäsenistä oli valvomassa tsunamin uhrien hyväksi tehtävää työtä, jota siellä teki kaksitoista eri hyväntekeväisyysjärjestöä. Hän totesi hämmästyneenä, että Amman organisaation työskentely oli kaikkien tehokkainta. Toinen osa vastausta on siinä, millä tavoin Amma käyttää lahjoitetun rahan. Koska Amman hyväntekeväisyystyön hallinto on lähes kokonaan vapaaehtoistyötä, ylimääräisiä kustannuksia ei juuri synny. Sen lisäksi Amma on aina huolehtinut, että hukkakulutusta ei olisi ashramissa eikä muissa hänen laitoksissaan, oli sitten kyse kourallisesta riisiä tai korkeasta teknologiasta. Monissa laitoksissa, jotka ovat samaa kokoluokkaa, saattaa olla paljon tuhlausta ja tarpeettomia menoja. Mutta Amma on saanut aikaiseksi omassa järjestössään hyvin eettisen ymmärryksen säästämisen tärkeydestä. Kukaan ei halua ottaa itselleen enempää kuin tarvitsee. Kaikki muistavat, mistä raha tulee ja kenelle se on tarkoitus ohjata. Kukaan ei heitä pois sellaista mitä on mahdollista käyttää uudelleen.

Joitakin aikoja sitten ashramin asukkaat ostivat muutamia elektronisia laitteita ashramin kuva- ja ääniosastolle. Kun Amma kuuli kuinka paljon laitteet olivat maksaneet, hän kysyi ostajalta, oliko se ollut todella tarpeellista. Amma sanoi, että hänen tulisi pitää tästedes kirjaa, ja esittää Ammalle viikottain kuinka paljon aikaa hän oli käyttänyt kutakin laitetta päivittäin.

Mikään ei jää Ammalta huomaamatta, ei edes pienin yksityiskohta. Pohjois-Amerikan kiertueen aikana erään aamudarshanin jälkeen San Ramonissa, Kaliforniassa Amma poikkesi kulkureitiltään kulkeakseen keittiön läpi siinä talossa, missä hän, swamit ja jotkut Kalifornian ashramin asukkaat yöpyivät. Kun hän ohitti kompostiastian, hän katsoi sen sisälle. Yksi kiertuelaisista yritti estää häntä sanoen: "Älä ole huolissasi, Amma. Ei siellä ole mitään."

"Mistä tiedät?" Amma kysyi ja poimi sieltä hyvännäköisen leipäviipaleen. Tutkittuaan sitä hän sanoi: "Kuka on heittänyt tämän pois? Meidän pitäisi aina muistaa, että jotkut ihmiset eivät saa edes tämän vertaa ruokaa syödäkseen yhden päivän aikana. Erityisesti ashramissa ruokaa ei tulisi koskaan heittää pois."

Kun Amman yliopisto alkoi kasvaa, Amma sai tietää, että opiskelijoiden ruokasalissa syntyi melkoisesti ruokahävikkiä. Amma otti asian esille heti, kun hänellä oli mahdollisuus puhua heille kaikille. Yhden yön aikana ruokahävikki väheni merkittävästi.

Amma on aina sanonut meille, että kun heitätte ruokaa pois, muistakaa miljoonia lapsia, jotka eivät saa edes yhtä ruoka-annosta tänään. Kun tuhlaatte rahaa tarpeettomasti, muistakaa heidän ahdistustaan, jotka eivät voi ostaa edes yhtä kipulääkettä. Sen lisäksi hän painottaa aina sitä, että meidän olisi muistettava, mistä ashramin rahat tulevat. Jotkut oppilaat työskentelevät graniittilouhoksella 250 kilometriä ashramista pohjoiseen. Heillä ei ole edes tarpeeksi rahaa matkustaakseen ashramiin, silti heti viikottaisen palkkansa saatuaan he kiirehtivät postitoimistoon ennen sen sulkeutumista. Kun heidän työnjohtajansa kysyy heiltä, minne heillä on sellainen kiire, he vastaavat: "Haluamme postittaa prosentin palkkiostamme Ammalle."

Joitakin vuosia sitten köyhä pariskunta toisesta Keralan kunnasta tuli ashramiin iso säkki riisiä käsivarsillaan. Jotkut brahmachareista auttoivat heitä kantamaan riisisäkin ja veivät sitten köyhän pariskunnan Amman darshaniin. Antaessaan riisin Ammalle he kertoivat hänelle: "Omistamme lottotoimiston, josta saamme niukan toimeentulomme. Silti olemme aina unelmoineet, että voisimme jotenkin osallistua Amman hyväntekeväisyyshankkeisiin. Niinpä teimme ylimääräisiä työtunteja viimeisen kolmen kuukauden ajan ja jätimme jopa yhden aterian väliin päivittäin säästääksemme rahaa. Vaikka halusimmekin nähdä Ammaa, emme tulleet aiemmin, koska emme halunneet kuluttaa kaikkia rahojamme matkustamiseen, silloin kun meillä ei olisi mitään annettavana. Matkalla ashramiin pysähdyimme ostamaan tämän riisisäkin. Voiko Amma käyttää tämän riisin köyhien ravitsemiseen?" Kun Amma kuuli heidän tarinansa, kyyneleet tulivat hänen silmiinsä. Toisten auttaminen ei ole vain varakkaiden asia vaan myös melko köyhät voivat tehdä sen mikä on heille mahdollista auttaakseen vähemmän onnekkaita.

Mieleeni muistuu kaunis tarina *Ramayanasta*, josta Amma puhuu usein tuodakseen esille tämän totuuden. Sen jälkeen kun Rama oli saanut tietää, että demonikuningas Ravana oli ryöstänyt hänen puolisonsa Sitan ja vienyt hänet Lankan saarivaltakuntaan, Rama päätti rakentaa sillan Intian eteläkärjestä Lankaan voidakseen pelastaa Sitan. Suurimman osan työstä teki Raman apina-armeija, jota johti hänen suurin opetuslapsensa Hanuman. Apinat eivät kuitenkaan olleet yksin ponnistuksissaan. Kun Rama tarkisti miten siltatyö eteni, hän huomasi pienen maaoran kiiruhtavan rannalta sillalle ja takaisin säntäillen apinoiden jalkojen välissä, jotka kantoivat valtavia kiven järkäleitä olkapäillään siltaa varten. Katsoessaan tarkemmin Rama huomasi, että pienen maaoravan liikkeet eivät olleet vailla merkitystä. Ennen kuin maaorava palasi rannalle, se kastautui valtameressä, loikkasi sitten rannalle ja kieri hiekassa. Sitten se juoksi takaisin työmaalle ja ravisteli itsestään hiekat sillalle. Se jatkoi tätä väsymättä, tehden satoja matkoja edestakaisin. Apinoita ärsytti maaoravan läsnäolo ja lopulta he yrittivät potkaista sen tieltään.

"Mitä sinä täällä teet?" yksi apinoista huusi lopulta.

"Minä autan rakentamaan siltaa Sita Devin pelastamiseksi", maaorava vastasi.

Kaikki kuuloetäisyydellä olevat apinat räjähtivät nauruun.

"Hyvä yritys, pikkukaveri", he sanoivat. "Mutta miten sinä voisit auttaa meitä? Katsohan minkä kokoisia lohkareita me kannamme!"

"On totta, että en voi kantaa yhtä paljon kuin te. Mutta teen minkä voin. Tiedän, että se mitä Herra tekee, on jaloa ja tahdon tehdä parhaani auttaakseni Häntä."

Apinat eivät välittäneet maaoravasta vaan jatkoivat työtään. Päivän päättyessä he juoksivat Raman luo kertoakseen hänelle miten olivat edistyneet. Mutta hän ei ollut kiinnostunut kuulemaan heidän uroteoistaan. Sen sijaan hän pyysi heitä tuomaan maaoravan luokseen.

"Mitä meidän Herramme haluaa siitä hyödyttömästä kaverista?" he ihmettelivät, mutta eivät uskaltaneet olla tottelematta Ramaa.

Kun he toivat maaoravan, Rama otti sen ja piti sitä lämpimästi kämmenellään.

"Ettekö ymmärrä, rakkaat apinat, että ilman hiekkaa, joka pudoteltiin teidän tuomienne lohkareiden rakosiin, silta olisi voinut hajota. Älkää koskaan väheksykö heikkoja tai niiden tekoja, jotka eivät ole yhtä vahvoja kuin te. Jokainen palvelee omien kykyjensä mukaisesti eikä kukaan ole tarpeeton."

Rama silitti maaoravan selkämystä kolmella sormellaan tehden siten kolme viirua, jotka koristavat maaoravan selkää yhä tänä päivänä. Se on ikuinen muistutus siitä, että Jumalalla on erityinen rakkaus ja huolenpito pieniä ja heikkoja kohtaan.

Amma on aina sanonut, että eivät ainoastaan avun saajat hyödy Amman hyväntekeväisyyshankkeista, vaan jokainen hyötyy kaikissa vaiheissa, joko henkisesti, aineellisesti tai molempia. Amman oppilaat esimerkiksi tekevät erilaisia esineitä, käsitöitä, helmiä, tervehdyskortteja ja kukkaseppeleitä uhraten ne hänelle. Koska he tekevät näin rakkaudesta Ammaa kohtaan, eivätkä odota palkkiota työstään, siitä tulee heidän karmajoogaansa.[3] Amma siunaa heidän

---

[3] *Karma* tarkoittaa kirjaimellisesti 'toimintaa'. *Jooga* tarkoittaa 'yhdistymistä', viitaten yksilösielun ja korkeimman sielun yhdistymiseen. *Karmajooga* tarkoittaa näin tämän yhdistymisen saavuttamista epäitsekkäitä tekoja tehden.

lahjansa ja toiset oppilaat ostavat ne sitten *prasadina* (siunattuna lahjana). Amma neuvoo ja ohjaa tarkasti heitä, jotka kohdentavat rahan ashramin hyväntekeväisyyshankkeisiin ollakseen varma, että raha menee sen ansaitseville ihmisille. Niinpä he, jotka näkevät vaivaa valmistaakseen tuotteita ja he, jotka käyttävät rahaansa ostaakseen niitä, molemmat saavat osakseen *punyaa*, ansiota, koska raha käytetään tarpeessa olevien auttamiseksi. Samaan aikaan he, jotka saavat rahan, hyötyvät. Amman lahjoittama apu auttaa heidät usein uuteen vaiheeseen elämässään. Lopulta heissäkin, jotka jakavat rahan, kehittyy tietoisuus ja erottelukyky. Amma sanoo, että jos sitä ei tehdä tällä tavoin, se on kuin harjoittaisimme *archanaa* (palvontaa) ilman vilpitöntä asennetta ja antaumusta. Me vain siirrämme kukkia paikasta toiseen. Mutta jos käytämme rahan tunnontarkasti niin, että se hyödyttää ihmisiä, jotka eniten sen ansaitsevat, silloin siitä tulee jumalanpalvelus. Niin kuin Amma sanoo: "Jumala ei istu taivaassa kultaisella valtaistuimella. Jumala on jokaisessa olennossa ja jokaisessa luomakunnan esineessä. Köyhien ja tarvitsevien auttaminen kaikin mahdollisin tavoin on todellista Jumalan palvomista."

Vuoden 2006 Pohjois-Amerikan kiertueen ensimmäisinä päivinä 7-vuotias tyttö nimeltä Amritavarshini Eugenesta, Oregonista tuli Amman darshaniin. Kun lapsi lähestyi Ammaa, hän laittoi nätisti kukkaseppeleen Amman kaulan ympärille. Seppelettä ei oltu tehty kukista vaan dollareista, 200 dollarista tarkkaan ottaen, kaikki mitä hän oli säästänyt.

Kun Amma piti tyttöä sylissään, tyttö alkoi itkeä. Sitten hän antoi Ammalle kirjeen, jonka hän oli kirjoittanut aiemmin viikolla äitinsä avustamana.

Rakas Amma,

Kuinka voimme parantaa eri puolilla maailmaa olevat sairaat ihmiset? Kuinka maailma voisi nähdä, että

olemme harmonisesti yhtä ja lopettaa toistemme pom-
mittaminen? Miten saamme orjuuden ja rasismin päät-
tymään? Se tekee minusta syvästi surullisen. Anna tämä
raha maailmalle, joka on sairas. Pidä huolta kaikista,
jotka ovat sairaita ja köyhiä.
Rakkaudella,
Amritavarshini

Amma kehotti lasta ja hänen äitiään istumaan vierellään. "Miksi sinä itket?" Amma kysyi pieneltä tytöltä.

Taistellen kyyneleittensä kanssa lapsi vastasi: "Halun synnyttää maailmaan rauhan."

Tytön äiti selitti, että noin viikko sitten, kun hän oli tullut kotiin, hän oli löytänyt Amritavarshinin kyynelissä. Hän oli kysynyt, miksi hän itki, jolloin tyttö oli vastannut, että se johtui maailmassa olevasta orjuudesta, sodista, sairauksista ja köyhyydestä. Sitten tyttö oli kertonut äidilleen haluavansa antaa kaikki rahansa Ammalle hänen hyväntekeväisyystyöhönsä. Hänen äitinsä nosti hänen tililtään kaiken, jättäen kuitenkin 40 dollaria, jotta tili pysyisi toiminnassa, mutta Amritavarshini vaati, että jopa jäljelle jäänyt raha tuli antaa Ammalle.

"Tällaiset lapset ovat maailman toivo", Amma sanoi ympärillään oleville pyyhkiessään Amritavarshinin kyyneleitä.

"Meidän tulisi heittäytyä maahan ja kumartaa tällaisten lasten jalkojen juuressa. Hänenlaisensa lapset muuttavat maailman... Toteutukoot hänen viattomat toiveensa."

LUKU 18

Rakkaudessa kehittyminen

Rakastaaksemme ihmistä meidän tulee tuntea hänet, mutta tunteaksemme jumalallinen olento meidän tulee rakastaa Häntä.

– Blaise Pascal

V aikka maanviljelijä haluaakin kasvattaa erilaisia viljalaatuja, hän keskittyy aina maaperään, tietäen että se on kaiken perusta ja siitä riippuu kasvien kasvu. Samalla tavoin Amma muistuttaa aina, että teemmepä mitä hyvänsä, meidän on aina pyrittävä muistamaan Korkeinta. Amma kehottaakin meitä rukoilemaan meditaatioharjoituksemme päätteeksi, että kaikista toimistamme tulisi Jumalallisen Äidin palvontaa:

Oi Jumalallinen Äiti,
olkoon jokainen sanani Sinun ylistystäsi,
olkoon jokainen tekoni Sinun palvontaasi
olkoon kaikki mitä syön uhrilahja Sinulle,
muistuttakoon jokainen henkäykseni rakkaudestani
Sinuun,
tuokoon jokainen askeleeni minut lähemmäksi Sinua,
kun käyn makuulle, olkoon se kumarrus
Sinun lootusjalkojesi juureen.

Amma sanoo, että helpoin tapa muuttaa kaikki jumalanpalve-lukseksi on tehdä tekomme rakkaudella. Hän puhuu omasta

kokemuksestaan, sillä hän näkee jumalallisuuden jokaisessa ihmisessä ja kaikkialla luomakunnassa. Amman rakkaus virtaa hänen kaikkiin ajatuksiinsa, puheisiinsa ja toimintaansa. Tämä rakkaus lahjoittaa hänelle täydellisen keskittymisen ja muuttaa hänen tekonsa jumalanpalvelukseksi. Pääsääntöisesti keskittymisemme voima ja tekojemme laadukkuus ovat suorassa suhteessa rakkautemme määrään. Kun esimerkiksi katsomme jotakin mielenkiintoista elokuvaa uppoudumme siihen kokonaan ja unohdamme ympäristömme ja jopa kehomme tarpeet, mutta jos elokuva on huono, tulemme levottomiksi ja meistä tuntuu, että elokuva kestää ikuisuuksia.

Kerran eräs mies pyysi eron jälkeen entistä tyttöystäväänsä palauttamaan rakkauskirjeensä.

"Olen antanut sinulle sormuksen takaisin", nainen sanoi. "Luuletko, että aion käyttää kirjeitä voidakseni haastaa sinut oikeuteen?"

"Oi ei", mies vakuutti hänelle. "Siitä ei ole kyse. Maksoin eräälle henkilolle kaksikymmentäviisi euroa, että hän kirjoittaisi ne minulle ja saatan haluta käyttää niitä uudelleen."

Oletko koskaan tullut ajatelleeksi, miksi sanomme englanniksi *falling in love*, kirjaimellisesti 'lankeamme rakkauteen', sen sijaan että sanoisimme *rising in love*, 'kohoamme rakkaudessa'? Kun rakastumme, voimallinen kiintymyksemme ja omistamisenhalumme rakastettuamme kohtaan saa meidät menettämään erottelukykymme ja tekemään sellaisia tekoja, joita kadumme myöhemmin. Rakkaudessamme on aina itsekäs motiivi taustalla, ja hän johon olemme rakastuneet on yleensä samalla tavoin kiintynyt meihin. (Jos taas ei ole, sekin aiheuttaa kärsimystä.) Sen sijaan, kun rakastamme todellista henkistä opettajaa, vaikka rakkautemme olisikin aluksi epätäydellistä ja siihen liittyisi odotuksia ja riippuvuutta, hän auttaa meitä saavuttamaan ehtoja

asettamattoman ja epäitsekkään rakkauden. Sen sijaan, että lanke-
aisimme rakkauteen, mestari auttaa meitä kohoamaan rakkaudessa
kohti Itse-oivalluksen korkeuksia.

Amma sanoo: "Tämän päivän maailma uskoo siihen, että
hienoin suhde on lapsen ja äidin välinen suhde. Mutta minun
maailmassani näin ei ole vaan se on gurun ja opetuslapsen välinen
suhde. Kun ymmärrät henkisyyttä, sinusta tulee avarakatseinen.
'Minun'-ajatus katoaa. 'Minun äitini, minun isäni, minun lapseni,
minun sukulaiseni... Guru-opetuslapsi-suhteessa kaikesta tulee
'Sinun' (Jumalan). 'Minä' katoaa ja vain Atman (Itse) jää jäljelle.
Rakasta ja palvele toisia omana Itsenäsi. Kun vasempaan käteen
sattuu, oikea käsi huolehtii siitä. Meidän tulee elää elämäämme
tällaisella asenteella."

Muutamia vuosia sitten Amma oli Genevessä ottaakseen
vastaan *Gandhi-King-palkinnon* väkivallattomasta toiminnasta ja
puhuakseen henkisten naisjohtajien huippukokouksessa. Samaan
aikaan pihalla järjestettiin tapahtuma, jonka aikana jokaista
osallistujaa pyydettiin pitämään kynttilää kädessään ja seisomaan
nurmikolla sellaisessa muodostelmassa, että kun ryhmää katsottiin
yläpuolelta, muodostui sana PEACE – RAUHA. Heti kun Amma
laskeutui lavalta, hänen oppilaansa ympäröivät hänet muuttaen
A-kirjaimen tunnistamattomaksi rämeiköksi. Amma pyysi heitä
seisomaan sovituilla paikoilla, mutta he eivät kyenneet noudat-
tamaan tätä ohjetta. Mihin hyvänsä Amma siirtyi, he seurasivat
perässä. Muut osallistujat seisoivat tietenkin heille osoitetuilla
paikoilla muodostaen kirjaimet täydellisesti, mutta Amma näytti
siltä niin kuin hänet olisi ympäröinyt ihmisvartaloista muodos-
tunut aura. Aluksi tapahtuman järjestäjä oli hieman turhautunut
huutaen epätoivoissaan: "Ihmiset, hyvät ihmiset! Me pyrimme
muodostamaan sanan tänne!"

Mutta pian hän näki, että oppilaitten vetovoima Amman läheisyyteen oli suurempi kuin halu osallistua tapahtumaan. Lopulta tapahtuman järjestäjä antautui ja päätti kohdata todellisuuden. "Hyvä on", hän sanoi reippaana. "Koska te kaikki näytätte pitävän ympyrästä, miksi ette muodostaisi pistettä sanan loppuun?" Kun Amma kuuli tämän, hän purskahti nauruun ja johdatti leikkisästi opetuslapsensa sinne missä kirjaimet päättyivät. Sen jälkeen kun tapahtuma päättyi, toimittaja joka oli tarkkaillut tätä iltapäivän tilaisuutta, kysyi Ammalta: "Palvovatko nämä ihmiset sinua?"

Amma puisteli päätään pehmeästi ja osoitti kaikkia sanoen: "Ei, asia on päinvastoin. Amma palvoo heitä."

Ammalle mikään eikä kukaan ole merkityksetön. Hänen myötätuntonsa on kuin valtameri, joka virtaa koskettamaan sen oppilaan jalkoja, joka on tarpeeksi onnekas seisoakseen Amman edessä.

Vuoden 2006 Pohjois-Intian kiertueella Amman auto kohtasi humalaisen, joka toikkaroi keskellä tietä. Amma kehotti autoa ajavaa brahmacharia pysähtymään. Humalainen huojui edestakaisin auton ohittaessa hänet. Kun hän ohitti ashramin ajoneuvon, joka oli pysähtynyt Amman auton perään, hän horjahti sitä vasten ja läimäytti autoa ennen kuin jatkoi matkaansa.

Amma salli kuljettajan jatkaa matkaa, mutta muutamien metrien kuluttua hän kehotti jälleen pysähtymään. Hän avasi oven ja nousi tielle ja puhutteli yhtä brahmachareista, joka istui takana olevassa autossa, sanoen: "Hän on todella humalassa. Ohjaa hänet pois tieltä. Huolehdi, että hän istuutuu jonnekin. Etsi kyläläiset käsiisi ja pyydä heitä huolehtimaan hänestä."

Brahmachari kääntyi ympäri ja meni huolehtimaan humalaisesta Amman ohjeiden mukaisesti.

Adi Shankaracharyan *Soundarya Laharissa* sanotaan: "Sinun kauas näkevien silmiesi armo, jotka ovat vain hieman raollaan niin kuin avautumaisillaan oleva sininen lootus, kylvettäköön se jopa minun kaltaistani arvotonta ja muista etäälle ajautunutta. Aivan kuin kuun viilentävät säteet lankeavat yhtä hyvin linnaan kuin erämaahan, et menetä siinä mitään, oi Shivane (Jumalallinen Äiti, Shivan puoliso), ja tuosta ihmisestä tulee siunattu."

Edellisen vuoden Euroopan kiertueen aikana Amma yöpyi uudessa Saksan keskuksessaan matkalla Suomeen. Tapahtuma-keskukseksi muutettu entinen ratsastuskeskus sijaitsee kukkulan laella ja sieltä avautuu kaunis näkymä ympäröivään kylään ja vihreille niityille, joilla hevoset saavat juosta. Ennen kuin Amma lähti lentokentälle hän vietti heti aamusta jonkin aikaa asukkaiden seurassa, ja syötti hevosia. Ilma oli kirkas ja selkeä.

Syötettyään hevoset Amma meni takaisin sisälle, missä hän jakoi prasadia asukkaille ja muille oppilaille, jotka olivat kokoontuneet sinne.

"Eilen illalla Amma ajatteli viettävänsä koko päivän teidän seurassanne", Amma sanoi oppilailleen selittäen, että ei ollut tiennyt, että hänen pitäisi lähteä jo keskipäivällä lentokentälle lentääkseen Suomeen. "Amma oli suunnitellut tekevänsä paljon kaikenlaista teidän kanssanne tänään, kuten jakaa lounasta, laulaa bhajaneita, mennä kävelylle, meditoida ulkona…"

"Antaa vapautuksen…" lisäsi yksi oppilaista hymyillen. Huomautus oli tarkoitettu vitsiksi, mutta kuten tavallista Amman vastaus oli merkityksellinen.

"Kaikki mitä Amma tekee, on vain tuota tarkoitusta varten", Amma sanoi. "Vietettyään kaiken aikansa Vrindavanin gopien kanssa, leikkien heidän kanssaan, ilahduttaen heitä, varastaen heidän voinsa ja maitonsa, Krishna itse asiassa varasti heidän sydämensä. Juuri näin Amma tekee viettäessään aikansa teidän kanssanne. Hän laittaa erityisen helmen syvälle sisimpäänne, jotta muistaisitte Amman kaikkialla minne menette, riippumatta siitä mitä teette." "Yleensä kun aloitamme pitkän, raskaan työn, olemme kaiken aikaa jännittyneitä. Koemme rauhaa vain kun ajattelemme, että lepäämme työt tehtyämme. Antaen oppilaille kokemuksia, he ajattelevat aina syvällä sisällään Ammaa riippumatta siitä mitä he tekevät." Amma lisäsi, että tällaiset ajatukset, hetket jolloin opetuslapsi muistelee sitä miten hän on ollut gurun seurassa, ovat rauhan ja levon hetkiä.

Amma selitti, että *advaitan* (ei-kaksinaisuuden) polulla pyrimme näkemään koko maailman Itsemme jatkeena ja että *bhaktin* (antaumuksen) polulla pyrimme näkemään koko maailman rakkaana Jumalanamme tai gurunamme. Nämä kaksi polkua eivät olet erillisiä, niissä katsotaan samaa asiaa hieman eri näkökulmasta.

"Tämän päivän maailmassa ihmiset juoksevat kuuntelemaan luentoja vedantasta, mutta täällä me pyrimme elämään vedantan mukaan", Amma sanoi viitaten siihen, miten hän rohkaisee oppilaitaan palvelemaan maailmaa nähden toiset Amman tai oman itsensä ilmentyminä.

"Todellisuudessa gurun ja oppilaan välinen suhde on *jivātmanin* ja *Paramatmanin*, yksilösielun ja Korkeimman Itsen välinen suhde. Todellisuudessa ne ovat yhtä. Kun seisomme rannalla, joella näyttää olevan kaksi eri rantaa, mutta tosiasiassa ne ovat joen pohjassa yhtä. Kun vesi (ego) poistetaan, oivallamme tämän totuuden."

Sitten oli Amman aika lähteä Suomeen. Kun Ammaa kuljettava auto ajoi hitaasti pois, näkymä oli samanlainen kuin Amman lähtiessä Amritapurin ashramista, Keralassa. Amma laski ikkunan alas ja piti kättään auton ulkopuolella, jotta hän voisi koskettaa oppilaitten käsiä, jotka olivat kokoontuneet ajotien varteen.

Antaessaan meille tällaisia arvokkaita kokemuksia, joita voimme muistella jälkikäteen, Amma on tehnyt henkisistä harjoituksistamme suhteellisen helppoja. Monien Jumalan tai muotoa vailla olevan Absoluutin palvojien on paljon vaikeampi muistaa yhtä usein ihannettaan kuin meidän on muistaa Ammaa. Aina kun näemme jonkun jolla on valkoiset vaatteet, mielemme liitää Amman luo ja muistamme sen syvän rauhan, jota saimme kokea hänen läheisyydessään. Kun istumme syömään, muistamme aterian, jonka Amma antoi meille omin käsin. Kun kastaudumme järveen tai uima-altaaseen, muistamme hetken, jolloin saimme uida Amman kanssa. Kun näemme ihmisten tanssivan, muisto siitä miten Amma tanssi autuuden vallassa, täyttää mielemme. Kun teemme raskasta ruumiillista työtä, muistamme hetken, jolloin Amma johdatti meidät tekemään työtä, jota kukaan ei halunnut tehdä, kuten imuroimaan hallia ohjelman jälkeen tai kantamaan tiiliskiviä ja hiekkaa koko yön. Kun syömme Hersheyn suklaasuukkoja, muistamme Amman halauksen.

Sen jälkeen kun olin tavannut Amman tein vielä töitä pankissa etäällä ashramista. Aina kun näin auton, jossa oli Kollamin alueen rekisterilaatta (alue missä Amma asuu) tai kun näin bussin matkalla Kollamiin, ajattelin Ammaa ja unohdin itseni. Monet yksinkertaiset asiat voivat muistuttaa hänestä. Tällainen hyöty on siitä, että meillä on elävä mestari. Jos pudotamme kiven veteen, se vajoaa saman tien. Mutta jos laitamme kiven laudan päälle ja asetamme sen veteen, kivi pysyy veden pinnalla. Samalla tavoin, jos turvaudumme todelliseen henkiseen mestariin, voimme täyttää maalliset velvollisuutemme vajoamatta harhojen, kiintymisten ja kärsimyksen valtaan.

Nyt kun Amma oli vieraillut hevostilalla, kaikkialla minne Saksan keskuksessa asuvat oppilaat katsoisivatkaan, he näkisivät kauniita helmiä, muistoja Amman vierailusta. Amma on antanut samanlaisia helmiä lapsilleen eri puolilla maailmaa. Vaikka hän puhuikin Saksan keskuksen asukkaille, hänen ohjeensa ovat kohdistettu kaikille hänen opetuslapsilleen eri puolilla maailmaa. "Tehkää epäitsekästä työtä ajatellen Ammaa ja muistakaa aina, että te ja Amma ette ole kaksi vaan sisäisesti yhtä ja samaa." Amman lapsille tästä avautuu sekä polku että päämäärä. Ensimmäisestä askeleestamme tällä matkalla, alamme kokea rauhaa, jota emme ole aiemmin kokeneet. Jopa halu saavuttaa vapautuminen katoaa kohotessamme ylöspäin, niin kuin Feeniks-lintu, joka nousee tuhkasta. Rakkautemme mestariin kohottaa meidät riippuvuuksiemme, katumustemme, surujemme ja pelkojemme yläpuolelle.

Toisinaan kun olen kuljettanut Ammaa Intiassa pitkiä matkoja, olen toivonut saavani ajaa äärettömän tilan poikki, niin että minun ei tarvitsisi koskaan pysäyttää autoa eikä poistua Amman viereltä. Olen toivonut, että palvelustyöni ei päättyisi lainkaan. Samalla tavoin, kun Amma pitää meitä kädestä kiinni ja johdattaa meitä eteenpäin henkisellä polulla, moni meistä kokee, että emme edes halua tämän matkan päättyvän.

Laskeutukoon Amman siunaus meidän kaikkien päälle.

Sanasto

Advaita – kirjaimellisesti 'ei-kaksi', viittaa ei-kaksinaisuuteen (ykseyteen), joka on vedantan keskeinen periaate, sanatana dharman korkein filosofia.

Agami karma – tässä elämässä tehtyjen tekojen seurausvaikutukset.

Amrita Kutiiram – Mata Amritanandamayi Mathin talonrakennushanke, jonka tarkoituksena on lahjoittaa koti köyhille perheille. Tähän mennessä taloja on rakennettu 70 000 ja ne on luovutettu perheille.

Amrita Vidyalam – peruskoulut, jotka on perustanut ja joita hallinnoi Mata Amritanandamayi Math, ja jotka ovat omistautuneet antamaan arvopohjaista koulutusta. Tällä hetkellä näitä kouluja on kaikkiaan 64 eri puolilla Intiaa.

Amritapuri – Mata Amritanandamayi Mathin kansainvälinen keskus, joka sijaitsee Amman synnyinkodin paikalla Keralan osavaltiossa, Intiassa.

Amritavarsham 50 – Amman 50-vuotis syntymäpäiväjuhlat, jotka toteutettiin kansainvälisen vuoropuhelun ja rukoilun tapahtumana Cochinissa, Keralassa syyskuussa 2003. Teemana oli "Syleillen maailmaa rauhan ja harmonian hengessä". Nelipäiväiseen tapahtumaan osallistui kansainvälisiä liikemiehiä, rauhan rakentajia, kasvattajia, henkisiä opettajia, luonnonsuojelijoita, intialaisia kärkipoliitikkoja ja taitelijoita sekä yli 200 000 ihmistä päivittäin, mukaan lukien edustajat Yhdistyneiden Kansakuntien 191 jäsenvaltiosta.

Arati – tehdään perinteisesti rituaalisen jumalanpalveluksen lopulla, liikuttaen palavaa kamferia palvottavan kohteen edessä. Arati symboloi antautumista, siinä missä kamferi palaa pois jättämättä jälkeäkään, samalla tavoin ego katoaa kokonaan, kun antaudumme gurulle tai Jumalalle.

Archana – yleensä tällä viitataan jonkun jumalan 108 tai 1000 nimen toistamiseen (kuten esimerkiksi Lalita Sahasranama).

Arjuna – suuri taistelija, joka on yksi Mahabharata-eepoksen sankareista. Krishna antaa opetuksensa Bhagavad-Gitassa Arjunalle.

Ashrama – elämänvaihe. Vedat jakavat ihmiselämän neljään eri ashramaan, vaiheeseen, jotka ovat brahmacharya, grihastāshrama, vanaprashta ja sanjaasa eli selibaattioppilaan, perheellisen, metsään vetäytyneen ja maailmasta luopuneen elämänvaihe.

Atman – Itse tai tietoisuus.

AUM – (myös Om). Vedisten kirjoitusten mukaan on maailman-kaikkeuden alkuääni ja luomisen siemen. Kaikki muut äänet syntyvät Om-äänteestä ja palaavat siihen.

Aum Amriteswaryai Namaha – mantra, jolla oppilaat kunni-oittavat Ammaa, tarkoittaen 'Tervehdys kuolemattomuuden jumalattarelle'.

Avadhuta – pyhimys, jonka käytös ei mukaudu yhteiskunnan normeihin.

Bhagavad-Gita – 'Jumalallinen laulu'. Krishnan opetukset, jotka hän antoi Arjunalle Mahabharatan sodan alkaessa. Käytännöl-linen opas kuinka kohdata omaa elämäämme tai yhteiskuntaa koskevat vaikeudet. Vedisen viisauden tiivistelmä.

Bhajan – antaumuksellinen laulu.

Bhava – mielentila tai asenne.

Brahmachari – selibaatissa elävä miespuolinen opetuslapsi, joka harjoittaa henkisiä harjoituksia mestarin johdolla. (Brahmacha-rini on naispuolinen opetuslapsi.)

Brahmacharya – selibaatissa eläminen ja aistien hallitseminen.

Brahman – Lopullinen totuus, joka on vailla ominaisuuksia. Kaikkitietävä, kaikkivoipa ja kaikkialla läsnäoleva universumin perusta.

Darshan – pyhän ihmisen kohtaaminen, jumalallinen näky.

Devi – Jumalatar, Jumalallinen Äiti.

Devi bhava – 'Jumalallisen Äidin mielentila'. Tila, minkä aikana Amma paljastaa ykseytensä ja samastumisensa Jumalallisen Äidin kanssa.

Dharma – sanskritinkielinen sana, joka tarkoittaa 'sitä mikä kannattelee (luomakuntaa)'. Yleensä se tarkoittaa maailmankaikkeuden tasapainoa. Muita merkityksiä ovat: oikeudenmukaisuus, velvollisuus, tehtävä.

Duryodhana – vanhin Kaurava-veljeksistä. Kaappasi vallan Yudhisthiralta, vanhimmalta Pandava-veljeksistä, joka oli kruununperillinen. Duryodhanan viha oikeudenmukaisia Pandavia kohtaan ja hänen kuuluisa päätöksensä olla antamatta heille edes ruohonkortta sai aikaan sen että Mahabharatan sota ei ollut estettävissä.

Gopit – lehmityttöjä, jotka elivät Krishnan lapsuuden maisemissa Vrindavanaissa. He olivat Krishnan antaumuksellisia oppilaita. He ovat esimerkkejä Jumalan voimallisesta rakastamisesta.

Gita dhyanam – kirjaimellisesti 'Gitan mietiskely'. Perinteisesti tätä säettä toistetaan ennen kuin Bhagavad-Gitan opiskeleminen aloitetaan. Nämä säkeet ylistävät Bhagavad-Gitan loistokkuutta.

Gurukula – kirjaimellisesti 'gurun perhe'. Perinteinen peruskoulu, missä lapset elivät gurun kanssa, joka opetti heille pyhiä kirjoituksia ja teoreettista tietoa yhdessä henkisten arvojen kanssa.

Japa – Mantran toistaminen.

SISÄISEN RAUHAN SALAISUUS

Jiva tai jivatman – yksilösielu. Advaita-vedantan mukaan jivatman ei itse asiassa ole erillinen, yksilöllinen sielu vaan yhtä Brahmanin kanssa, jota kutsutaan myös Paramatmaniksi, Korkeimmaksi Sieluksi, joka on maailmankaikkeuden sekä aineellinen ja älyllinen syy.

Jnana – tieto.

Jooga – 'yhdistyä'. Yhdistyminen Korkeimpaan Olentoon. Laajassa merkityksessä se viittaa myös erilaisiin harjoituksiin, Jumalallisen ykseyden saavuttamiseksi. Tie, joka johtaa Itse-oivallukseen.

Karma – tietoinen toiminta. Myös meidän tekojemme muodostama seurausvaikutusten ketju.

Kauravat – kuningas Dhristarashtran ja kuningatar Gandharin sata lasta, joista epäoikeudenmukainen Duryodhana oli vanhin. Kauravat olivat serkkujensa, hyveellisten Pandavien vihollisia, joiden kanssa he taistelivat Mahabharatan sodassa.

Krishna – Vishnun tärkein inkarnaatio. Hän syntyi kuninkaalliseen perheeseen, mutta kasvoi kasvattivanhempien kanssa, eläen nuoruutensa Vrindavanissa lehmipoikana, missä gopit ja gopat, lehmitytöt ja –pojat rakastivat häntä antaumuksellisesti. Krishna perusti sittemmin Dwarakan kaupungin. Hän oli serkkujensa, Pandavien ja erityisesti Arjunan ystävä ja neuvonantaja, toimien hänen vaununajajanaan Mahabharatan sodassa ja antaen hänelle Bhagavad-Gitan opetukset.

Lalita Sahasranama – Jumalallisen Äidin 1000 nimeä.

Liila – Jumalallinen leikki.

Mahabharata – toinen Intian suurista historiallisista eepoksista, Ramayanan lisäksi. Bhagavad-Gita on osa Mahabharataa. Se puhuu dharmasta hienolla tavalla. Tarina käsittelee pääasiassa oikeudenmukaisten Pandavien ja epäoikeudenmukaisten Kauravien välistä ristiriitaa Kurukshetrassa. Tämä Veda Vyasan

3200 eaa. kirjoittama eepos käsittää 100 000 säettä, ja on näin pisin eeppinen runoelma maailmassa.

Mahatma – kirjaimellisesti 'suuri sielu'. Vaikka tätä käsitettä käytetäänkin nykyisin laveammin, tässä kirjassa mahatma viittaa hänen, joka on vakiintunut tietoon ykseydestä Universaalin Itsen, Atmanin kanssa.

Mata Amritanandamayi Devi – Amman virallinen luostarilaitokseen liittyvä nimi, joka tarkoittaa Kuolemattoman Autuuden Äitiä. Usein sen eteen laitetaan etuliite Sri, joka tarkoittaa kunnioitettua.

Mukti – kirjaimellisesti 'kaiken surun lopullinen päättyminen'. Viittaa jivan (yksilösielun) vapautumiseen syntymän ja kuoleman kiertokulusta (samsarasta). Se tapahtuu, kun yksilö oivaltaa todellisen olemuksensa Paramatmanina (Korkeimpana Sieluna).

Pada puja – gurun jalkojen tai sandaalin seremoniallinen pesu, joka ilmentää rakkautta ja kunnioitusta. Yleensä se tehdään puhtaalla vedellä, jogurtilla, puhdistetulla voilla, hunajalla ja ruusuvedellä.

Papa – syntitaakka, joka on seurausta vääristä teoista. Keräämämme papa aiheuttaa surun elämässämme.

Pandavat – kuningas Pandun viisi poikaa, jotka ovat Mahabharataeepoksen sankareita.

Prarabdha – edellisten elämien hedelmät, jotka yksilön on määrä käydä läpi tässä elämässä.

Prasad – siunattu uhrilahja, joka saadaan pyhältä ihmiseltä tai temppelistä, usein ruoan muodossa.

Puja – rituaalinen tai seremoniallinen jumalanpalvelus.

Punya – ansio oikeudenmukaisista teoista. Kerääntynyt punya luo onnea yksilön elämään.

Rama – Ramayana-eepoksen jumalallinen sankari. Vishnujumalan inkarnaatio. Häntä pidetään dharman ja hyveellisyyden ruumiillistumana.

Ravana – voimakas demoni-kuningas. Vishnu inkarnoitui Ramaksi tuhotakseen Ravanan ja palauttaakseen siten tasapainon maailmaan.

Rishit – Itse-oivalluksen saavuttaneet näkijät tai tietäjät, jotka kuulivat mantrat meditaatiossaan.

Sadhana – henkinen harjoitus.

Sadhana panchakam – kirjaimellisesti *Viisi säettä henkisestä elämästä.* Lyhyen elämänsä viimeisinä päivinä Adi Shankaracharyan oppilaat kysyivät häneltä sanatana dharman (hindulaisuuden) pyhien kirjoitusten tärkeintä sisältöä. Vastauksena Sadhana panchakamin säkeet putoilivat spontaanisti hänen huuliltaan. Teksti koostuu viidestä säkeestä, joista jokaisessa on neljä riviä. Jokaisella rivillä on kaksi ohjetta. Teksti on kokonaisuudessaan kuin tikapuut, jossa on 40 askelmaa, jotka johtavat Jumalan valtakuntaan.

Samadhi – kirjaimellisesti 'mielen liikkeiden päättyminen'. Transsendenttinen tila, missä yksilöllinen minuus sulautuu Korkeimpaan Itseen.

Samsara – elämän ja kuoleman kiertokulku.

Sanchita karma – kaikkien aikaisempien elämiemme tekojen yhteenlasketut seurausvaikutukset.

Sanatana dharma – 'ikuinen elämäntapa'. Hindulaisuuden alkuperäinen ja perinteinen nimi.

Sanjaasi – munkki, joka on tehnyt muodollisen luopumisen valan (sanjaasan). Sanjaasilla on perinteisesti okranväriset vaatteet, mikä edustaa halujen poispalamista. Nunnaa taas kutsutaan sanjaasiniksi.

Soundarya Lahari – Shankaracharyan säkeet, jotka kuvaavat Devin ekstaattista kauneutta.

Satguru – kirjaimellisesti 'todellinen mestari'. Kaikki satgurut ovat mahatmoja, mutta kaikki mahatmat eivät olet satguruja. Satguru on hän, joka kokee Itsen autuutta ja valitsee sen, että hän laskeutuu tavallisten ihmisten keskuuteen auttaakseen heitä kasvamaan henkisesti.

Satsang – olla yhteydessä korkeimpaan totuuteen. Myös olla mahatman seurassa, kuunnella henkistä puhetta tai vuoropuhelua ja osallistua henkisiin harjoituksiin ryhmässä.

Seva – epäitsekäs palvelutyö, jonka hedelmät omistetaan Jumalalle.

Shankaracharya – mahatma, joka uudisti kirjallisten töittensä avulla advaitan, ei-kaksinaisuuden filosofian ylivertaisuuden aikana, jolloin sanatana dharma oli rappiolla. Hän uudisti samalla Intian sanjaasilaitoksen, joka jaettiin viiteen eri alueeseen. Näistä jokaista johtaa henkinen johtaja, jota kutsutaan sen alueen Shankaracharyaksi yhtä tänä päivänä (kääntäjän huomautus).

Shiva – häntä palvotaan gurujen ketjun aloittajana, ja universumin muotoa vailla olevana perustana, yhdessä luojatar Shaktin kanssa. Hän on (egon) tuhoamisen jumala kolminaisuudessa, jotka ovat Brahma (luojajumala), Vishnu (ylläpitämisen jumala) ja Shiva. Yleensä Shiva kuvataan munkkina, jolla on pyhää tuhkaa ihollaan, käärmeitä hiuksissaan, lannevaate ja kerjuukulho sekä kolmikärki kädessään.

Sita – Raman puoliso. Intiassa häntä pidetään ihanteellisena naisena.

Srimad Bhagavatam – antaumuksellinen teksti, joka kuvaa Vishnun eri inkarnaatioita, keskittyen erityisesti Krishnaan. Pyhimys Veda Vyasa kirjoitti sen saatuaan Mahabharatan valmiiksi.

Tapas – itsekuri- ja katumusharjoitukset.

Upanishadit – Vedojen osa, joka käsittelee ei-kaksinaisuuden filosofiaa.

Vairagya – intohimottomuus, takertumattomuus, erityisesti kaikkea pysymätöntä kohtaan, toisin sanoen näkyväistä maailmaa kohtaan.

Vasanat – piilevät ominaisuudet tai hienovaraiset halut mielessä, jotka ilmenevät toiminnassa tai tottumuksina.

Vedanta – 'Vedojen loppu'. Tällä viitataan Upanishadeihin, jotka käsittelevät Brahmania, Korkeinta Totuutta ja tietä, joka johtaa Totuuden oivaltamiseen.

Vedat – kaikkein vanhin pyhä kirjoitus. Vedat eivät ole kenenkään ihmisen luomia, vaan rishit ovat ottaneet ne vastaan syvässä meditaatiossa. Mantrat, joista Vedat koostuvat, ovat aina olleet olemassa luonnossa hienovaraisina värähtelyinä. Rishit ovat saavuttaneet syvän hiljentymisen tilan, jossa ovat kyenneet havaitsemaan nämä mantrat, pyhät värähtelyt.

Viveka – erottelukyky, erityisesti väliaikaisen ja ikuisen välillä.

Viveka Chudamani – Erottelukyvyn kruununjalokivi. Adi Shankacharyan kirjoittama esittelyteksti vedanta-filosofiaan.

Yajna – uhraus. Jonkin uhraaminen jumalanpalveluksen aikana, jotta se hyödyttäisi yksilöä tai yhteisöä.

Yoga Vasishtha – Vanha teksti, joka käsittelee ei-kaksinaisuuden filosofiaa tarinoiden kautta. Perinteisesti sen kirjoittajana pidetään Valmikia, Ramayanan luojaa.